DÉSIRÉ PILETTE

LETTRE À M. DE ROZIÈRE

SUR

LE CONCUBINAT

CHEZ LES ROMAINS

Elibron Classics
www.elibron.com

Elibron Classics series.

ISBN 0-543-97650-5 (paperback)
ISBN 0-543-97649-1 (hardcover)

This Elibron Classics Replica Edition is an unabridged facsimile of the edition published in 1865 by Auguste Durand, Paris.

LETTRE A M. DE ROZIÈRE

SUR

LE CONCUBINAT

CHEZ LES ROMAINS

PAR M. D. PILETTE

DOCTEUR EN DROIT

PARIS

AUGUSTE DURAND, LIBRAIRE

RUE DES GRÈS, 7, ET RUE TOULLIER, 1

1865

LETTRE A M. DE ROZIÈRE

SUR LE CONCUBINAT CHEZ LES ROMAINS.

Il y avait une fois un roi très-bon et très-magnifique. Les fées, paraît-il, l'avaient doué, à sa naissance, de toutes les qualités de l'esprit et du cœur. Sa bienveillance et sa délicatesse étaient infinies. Il avait fait de ses palais, fort nombreux, comme des caravansérails où il recevait volontiers les voyageurs et où il s'efforçait de les retenir en leur affirmant qu'il avait besoin d'eux. Il prêtait constamment aux pauvres, leur recommandant de ne pas le rembourser trop vite, parce qu'alors, disait-il, il cesserait d'être leur obligé. Aucuns se conformaient à sa recommandation. Il admettait en sa présence tous ceux qui désiraient lui parler, idéologues, socialistes ou autres. Il les laissait dire jusqu'au bout avec une patience infatigable. L'histoire rapporte même qu'il les écoutait.

Vous êtes, monsieur, comme ce roi sans prototype et sans pair. Je vous ai demandé un jour de vouloir bien accorder dans la *Revue historique du droit* une place à mes élucubrations, et cette Revue m'a été gracieusement ouverte. Vous m'avez *reproché* depuis « de vous délaisser; » mes lettres, mes causeries, mes excentricités « vous intéressent! »

A vos risques, monsieur. Vous êtes pris au mot. Causons, puisque vous le voulez bien. Causons du *concubinat*, de ses caractères, de ses conséquences. J'ai sur cette matière des idées à moi, qui ont au moins le mérite de l'originalité, et que peut-être vous jugerez dignes de considération.

Par un procédé dont je dispose, je les ai d'ailleurs soumises déjà à un contrôle des plus sérieux. Un de mes élèves particuliers, M. Morillot, les a présentées et soutenues devant la Faculté de droit avec un vif éclat ; et il m'est permis de penser que l'argumentation brillante de ce jeune docteur n'a pas seule assuré le succès de mes paradoxes.

Quelles qu'aient été les origines du peuple romain, il est un fait incontestable, c'est que toujours, même aux époques les plus reculées, on le trouve vivant dans la monogamie. Il est par suite peu libéral et peu tolérant pour les enfants naturels, que, dès les temps les plus anciens, il désigne par l'expression de *vulgo quæsiti*. Mais il ne faut pas conclure, de cette réprobation dont ils frappaient les enfants naturels, à la rigoureuse chasteté des premiers Romains. Les bâtards ne manquaient pas à Rome : Romulus et Rémus n'ont pas de père certain ; lorsqu'une Rhéa Sylvia conçoit d'un inconnu, de moindres qu'elle peuvent n'avoir pas plus de scrupules.

Le berceau de Rome est un nid de bandits ; or, la pudeur et la chasteté ne sont point vertus de brigands. Le libertinage dut fleurir parmi les anciens Romains, et la lubricité de grossiers vainqueurs put aisément se satisfaire sur les captives enlevées dans les expéditions, et sur les filles des peuples soumis.

La population romaine se divisait en deux grandes classes : celle des patriciens et celle des plébéiens. Les patriciens, ce sont les conquérants ; à eux seuls les fonctions publiques et sacerdotales, à eux les honneurs et le pouvoir. La classe des plébéiens, formée des étrangers auxquels on avait accordé asile et des prisonniers de guerre qu'on avait affranchis, est en butte au mépris et à l'arrogance patricienne. Pour eux les dignités ne sont point faites ; entre eux et les membres de la classe supérieure une ligne profonde de démarcation. Les deux classes ne se mêleront pas; une patricienne pourrait-elle être la compagne d'un plébéien? Une plébéienne oserait-elle élever ses prétentions jusqu'à partager comme *uxor* la couche du patricien ? N'était-ce pas déjà assez d'honneur pour elle que d'attirer l'attention d'un membre de l'aristocratie, et de se sacrifier au caprice du personnage?

Il dut cependant arriver quelquefois qu'un patricien, réellement épris d'une femme que la loi et le respect humain lui défendaient d'épouser, entretînt avec elle des relations suivies. Il lui donnait ainsi une marque particulière de considération, une preuve d'estime véritable. Ne pouvant l'épouser, au moins ne la déshonorait-il pas. C'est là évidemment l'origine du concubinat.

Jamais la concubine tirée des rangs inférieurs de la société romaine ne fut honorée, mais jamais non plus cette même concubine ne fut ni déconsidérée, ni méprisée. Comment en effet l'opinion publique eût-elle flétri une femme qui, ne pouvant devenir l'épouse d'un homme, qu'elle aimait d'ailleurs et dont elle était aimée, consentait à devenir sa concubine, et refusait de n'être qu'un instrument de plaisirs passagers ?

Quelle put être juridiquement la condition des concubines sous les rois ? C'est ce que je n'aurais pas la prétention de décider. Nul ne le sait, et nul sans doute ne le saura jamais, à moins que, par impossible, on ne vienne à découvrir quelque part l'ouvrage de Papirius.

Ce que fut cette condition, aux termes de la loi des Douze Tables, on ne le sait pas davantage. Seulement cette loi ne supprimait pas la prohibition du mariage entre les plébéiens et les patriciens ; ces derniers durent donc continuer à prendre comme concubines les filles plébéiennes.

Quand, dix ans après la promulgation de l'œuvre décemvirale, le tribun Canuleïus eut fait admettre le *connubium* entre les deux classes, le mariage ne prit point pour cela la place du concubinat. Loin de là, les patriciens, humiliés d'avoir dû céder à la pression de la *plebs*, se retranchèrent de plus en plus dans leur orgueil. Aux barrières que la loi nouvelle venait de renverser, leur vanité substitua des obstacles non moins infranchissables. Ils se firent un devoir de conserver leur race pure de toute souillure, d'éviter *les accouplements monstrueux* que Canuleïus peut-être avait rêvés. Il n'y eut point de mésalliances : le triomphe des plébéiens fut illusoire et leur droit nominal.

Au reste, il continua d'être défendu aux ingénus d'épouser des affranchies, et réciproquement. C'est ce qui résulte d'un passage de Tite-Live. Cet auteur nous apprend que le sénat, pour récompenser Hispala Fecenïa du service qu'elle avait rendu à la république en dévoilant au consul Posthumius ce qui se passait dans les mystères de Bacchus, l'autorisa à épouser un homme de condition libre, sans que ce mariage pût nuire en aucune façon à celui qui l'épouserait (Tit.-Liv., liv. IX, ch. XIX). Or Hispala Fecenia était une affranchie. Le maintien d'une seule prohibition suffirait pour expliquer et justifier la persistance du concubinat.

Vers la fin de la république, les mœurs romaines étaient arrivées à un état de dépravation telle, qu'il en résultait un véritable péril pour la société. La plus hideuse débauche avait envahi toutes les classes, et s'il y avait eu un prix à décerner à l'immoralité, César eût pu le disputer à Antoine (Suétone, *Vie de César*, ch. XLIX, L, LI et LII) : les hommes de tous les partis à Rome n'avaient sur ce point rien à se reprocher. Le libertinage le plus éhonté avait remplacé partout les unions honnêtes ; on ne se mariait plus, ou, si on le faisait, ce n'était que pour divorcer au plus vite ; les femmes comptaient les années, non par le nombre des consuls, mais par celui de leurs maris ; aussi Juvénal peut-il dire sans être taxé d'invraisemblance :

> Sic crescit numerus, sic fiunt octo mariti
> Quinque per autumnos : titulo res digna sepulcri.

Ces habitudes dissolues, cette instabilité dans les unions avaient eu pour effet d'amener une décroissance rapide de la population : il n'y a de sûrement prolifiques que les unions permanentes. A cette cause de dépopulation, ajoutez les guerres interminables de la république romaine, ses luttes intestines, les effroyables guerres serviles, les proscriptions et les massacres, et vous ne vous étonnerez pas des appréhensions que causait à cette époque la décroissance de la population romaine. Devenu empereur, Auguste, comprenant le danger, voulut y remédier. C'est dans ce but qu'il fit porter la loi Julia *De maritandis ordinibus* et la loi Papia Poppœa.

La loi Julia parut la première ; ce ne fut que cinq ans plus tard, en 762, au dire d'Heineccius, que fut votée la loi Papia. Presque toutes les dispositions de la première de ces lois passèrent dans la seconde ; c'est pour cela que les jurisconsultes les désignent, comme si elles ne faisaient qu'une, sous le nom de *Lex Julia et Papia*. On les appelle quelquefois aussi tout simplement *Leges* ; et, en effet, après la loi des Douze Tables, elles sont le monument le plus important du droit romain. Ces deux lois sont assurément l'œuvre d'Auguste : tout doute à cet égard tomberait devant l'affirmation de Tacite. « Auguste, dit-il, avait imaginé la loi Papia, dans sa vieillesse, pour augmenter les peines contre le célibat, et les revenus du fisc. » (Tacite, *Annales*, liv. III, ch. XXV.)

Moins rigoureux et moins passionné que Tacite dans l'appréciation des mobiles d'Auguste, nous n'hésitons pas à dire que le but de l'empereur fut surtout de pousser les citoyens à contracter des unions stables, permanentes et par suite prolifiques. A la vérité, il mit tout en jeu pour arriver à ses fins. Sachant que les purs préceptes de la morale restent sans effet sur des hommes dépravés, il prit les Romains par leur intérêt. Ces lois frappaient les *cœlibes* et les *orbi*. Elles déclaraient le célibataire incapable de rien recevoir par testament. Tout *cœlebs* avait, du reste, cent jours *ab apertis tabulis* pour contracter mariage, et de la sorte échapper aux incapacités résultant du célibat. On considérait comme *cœlebs* toute femme qui, âgée de vingt ans, n'était pas mariée. Si son mariage venait à se dissoudre, elle devait en contracter un nouveau. La loi Julia lui accordait cependant un délai de six mois pour convoler à d'autres noces, quand c'était par le divorce que la première union avait cessé, et d'un an quand c'était par la mort du mari. La loi Papia Poppœa prorogea d'un an chacun de ces délais. La nécessité pour les femmes d'être mariées cessait lorsqu'elles avaient atteint cinquante ans. L'homme dès qu'il était âgé de vingt-cinq ans, et tant qu'il n'avait pas atteint sa soixantième année, était également tenu de se marier (Ulpien, *Reg.*, tit. XIV, § 1; tit. XVI, § 1). Il n'y avait point pour les hommes, après la dissolution de leur mariage, un délai pendant lequel, sans être mariés, ils pussent n'être pas considérés comme *cœlibes*.

L'*orbus* est la personne qui n'a pas d'enfants; il pouvait recueillir la moitié des dispositions faites à son profit.

Non-seulement la loi punissait le *cœlebs* et l'*orbus*, mais elle récompensait, à leur détriment, les personnes mariées qui avaient des enfants. Juvénal, dans une de ses satires intitulée *Cinœdi et Pathici*, fait allusion à cette disposition de la loi.

> Nullum ergo meritum est, ingrate ac perfide, nullum,
> Quod tibi filiolus vel filia nascitur ex me?
> Tollis enim, et libris actorum spargere gaudes
> Argumenta viri. Foribus suspende coronas,
> Jam pater es. Dedimus quod famæ opponere possis :
> Jura parentis habes, propter me scriberis heres.
> Legatum omne capis, nec non et dulce caducum.
> Commoda præterea jungentur multa caducis,
> Si numerum, si tres implevero.

En effet, les parts enlevées aux célibataires et aux *orbi* (les caduques, comme on les appelle) étaient attribuées en principe au fisc, mais on lui préférait les personnes mariées et ayant des enfants, que le testateur avait accolées au *cœlebs* ou à l'*orbus* dans sa disposition; à défaut de ces personnes, les héritiers mariés qui avaient des enfants, et à défaut d'héritiers ayant des enfants, les légataires, qui n'étaient ni *cœlibes* ni *orbi*. Aux *patres* seuls, comme on le voit, appartenait le droit de réclamer les parts caduques, le *jus caduca vindicandi* (Gaïus, *Comm.* II, §§ 206 et 207). Sous Antonin Caracalla, la réserve faite à leur profit fut supprimée; cet empereur décida que les *caduca* iraient toujours au fisc. Toutefois, les descendants du défunt et ceux de ses ascendants qui ne se trouvaient pas à plus de trois degrés de lui, prenaient les parts caduques, à l'exclusion des personnes que nous avons énumérées plus haut; car, en ce qui touche les descendants et les ascendants jusqu'au troisième degré, la loi Papia Poppœa avait conservé les anciens principes: elle leur avait reconnu le *jus antiquum in caducis* (Ulpien, *Reg.*, tit. XVIII).

Quant aux autres avantages attachés à la paternité, auxquels Juvénal fait allusion, je me réserve d'en parler plus loin.

L'interdiction du mariage entre ingénus et affranchis fut supprimée par la loi Julia. Néanmoins il continua d'être défendu aux citoyens de l'ordre sénatorial d'épouser des affranchies, des comédiennes, des personnes dont le père ou la mère avait exercé le métier de comédien, et des prostituées. La loi défendait encore aux ingénus d'épouser une entremetteuse, une affranchie d'entremetteur ou d'entremetteuse, une femme surprise en adultère, une personne condamnée dans une instance publique, une comédienne, enfin, au dire de Mauricien, une femme condamnée par le sénat.

Quelques sénateurs, se fondant sur ce que la loi ne s'expliquait pas spécialement à leur égard en ce qui concerne certaines femmes, eurent sans doute la prétention d'épouser des personnes avec lesquelles d'autres ingénus n'eussent pu se marier, une personne, par exemple, condamnée à la suite d'une action publique. En raisonnant comme ils le faisaient, ils auraient pu prétendre qu'il leur était loisible d'épouser une de ces femmes qu'en langage honnête on appelle entremetteuses, ou quelque autre de condition aussi ignoble, pourvu qu'elle ne fût pas affranchie. M. de Savigny pense même que telles furent en effet leurs prétentions, et que les jurisconsultes durent en déclarer l'inanité (*Traité de droit romain*, t. II, append. 7). Si cela fut, la question dut alors être résolue sans grands efforts, car les ingénus ne pouvaient pas épouser certaines femmes, et les sénateurs étaient au moins des ingénus. Quoi qu'il en soit, le sénat se prononça certainement d'une manière formelle pour proclamer l'impossibilité du mariage entre un sénateur et une femme *judicio publico damnata* (fragm. 43, § 10, *De ritu nupt.*, Dig.).

Il ne serait peut-être pas déplacé d'entrer actuellement dans quelques détails sur les prohibitions que les lois Julia et Papia avaient consacrées quant au mariage soit des sénateurs, soit des ingénus. Il est défendu à ces derniers d'épouser la femme qui se prostitue; il n'y a pas à distinguer si elle vend ou donne ses faveurs, si elle se livre dans un lieu public ou dans un lieu particulier, il suffit que ses relations avec des hommes aient lieu sans choix, *passim, sine delectu*, comme dit Ulpien. Les ingénus ne peuvent non plus épouser des entremetteuses, et, notons-le, la loi n'excuse pas les femmes qui ont été entraînées par la misère à embrasser la profession de *meretrix* ou de *lena;* elle place d'ailleurs sur la même ligne celles qui exercent encore et celles qui ont exercé autrefois ce métier honteux. On assimilait aux courtisanes les affranchies d'un entremetteur ou d'une entremetteuse. On tenait, non sans raison, leur immoralité pour certaine. Il est encore défendu aux ingénus d'épouser les femmes qui ont été surprises en adultère, ou celles qui sont ou ont été comédiennes, enfin celles qui ont subi une condamnation publique. Le sénat, ainsi que nous l'avons vu plus haut, avait dû, par une disposition formelle, expliquer que cette dernière prohibition s'appliquait aussi aux sénateurs. En règle générale, il était du reste inadmissible qu'un sénateur ou ses enfants eussent pu épouser les personnes avec lesquelles il était défendu aux ingénus de s'allier. Mais à eux, à leurs enfants et à leurs descendants, il était spécialement interdit par la loi Julia de prendre comme *uxor* soit une affranchie, soit une personne qui avait exercé, ou dont le père ou la mère avait exercé le métier de comédien. Une femme appartenant à l'ordre sénatorial n'aurait pu non plus épouser un affranchi, ou un homme ayant été, ou dont les parents auraient été comédiens.

Vous le voyez, les entraves au mariage étaient encore fort nombreuses, et on pourrait s'étonner qu'Auguste ait sanctionné un état de chose si contraire à son but. Mais il faut tenir compte de la position où il se trouvait : il avait en face de lui le préjugé : pour la classe sénatoriale, les plébéiens n'avaient pas cessé d'être une race inférieure, et leurs succès multipliés étaient loin d'avoir abattu l'orgueil des patriciens. Ceux-ci mettaient dans leur dédain d'autant plus de persistance et d'affectation qu'ils voyaient s'effacer davantage la primitive inégalité. Assimiler complétement la classe sénatoriale à la *plebs*, permettre à une affranchie d'aspirer à devenir la bru, la femme ou la mère de sénateurs, eût été une entreprise impolitique, téméraire, qui eût à jamais ulcéré la caste sénatoriale. Quel que fût son désir d'amener des unions stables à se produire, l'empereur dut éviter de froisser la classe supérieure ; et les prohibitions spéciales qu'il eut soin de maintenir, en ce qui concernait les sénateurs, leur laissèrent la douce opinion qu'ils n'avaient pas cessé d'être d'un autre limon que le reste de leurs concitoyens.

Auguste aurait-il au moins pu permettre aux simples ingénus d'épouser toute espèce de femmes? Pas davantage. Lui qui affectait de flétrir et de réprimer la débauche. qui se posait en protecteur de la famille, qui promettait de lui rendre la considération à laquelle elle a droit, il ne pouvait pas admettre au sein de la famille régénérée des femmes qui en sont les ennemis les plus dangereux ; il ne pouvait pas honorer du titre d'*uxores* celles que les lois, la coutume et les mœurs marquaient au sceau de l'infamie.

Ces raisons suffirent bien à faire maintenir dans la loi les prohibitions que nous avons énumérées. Mais il pouvait arriver qu'un membre de l'ordre sénatorial eût une affection sincère pour une affranchie, un ingénu pour une femme de condition misérable, et qu'ils préférassent ne pas se marier plutôt que de cesser des relations qui leur étaient chères. Ils allaient se trouver sous le coup des peines portées par les lois Julia et Papia Poppœa contre les célibataires ; et pourtant la régularité et la fixité de leurs relations en assuraient la fécondité. L'ingénieux empereur trouva un moyen de tout concilier : il fit du concubinat une union légale, parallèle mais inférieure au mariage.

Il permit de prendre pour concubines toutes les femmes que les lois Julia et Papia défendaient de prendre pour épouses. C'était, au dire d'Heineccius, dans le quatrième chapitre de la loi Papia Poppœa qu'il était question du concubinat.

Avant les lois caducaires, le concubinat n'étant pas reconnu par la loi, la concubine ne se distinguait pas, légalement du moins, de la *pellex* et de l'*amica*. Les rapports qu'on pouvait avoir avec elle étaient ou un *stuprum*, ou une simple *fornicatio*, suivant qu'on s'était adressé à une femme honnête, ou à une de ces femmes avec lesquelles, vu leur dégradation, on ne commettait pas de *stuprum*. Mais il n'en fut plus ainsi lorsque le concubinat eut été manifestement reconnu par la loi. Les dénominations de *concubinatus* et de *concubina* furent prises dans un sens honnête ; les relations qu'un homme eut avec sa concubine ne constituèrent plus un *stuprum*, elles formèrent une union légale, non furtive, une sorte de mariage reconnu par la loi, productive d'effets civils, quoique n'entraînant pas indivisibilité de position. La concubine était placée par le droit civil immédiatement après l'*uxor ;* les relations qu'on avait avec elle constituaient une hémigamie (ἡμίγαμος), un mariage inégal, que l'on pourrait peut-être assimiler au mariage morganatique pratiqué en Allemagne, surtout dans les pays qui suivent la confession d'Augsbourg.

Rien de déshonnête, ni d'infamant dans l'état de concubine ; seulement, comme en général l'homme prenait une concubine dans une classe inférieure à la sienne, et ne l'élevait pas jusqu'à lui, on avait naturellement pour cette femme une considération moindre que pour l'*uxor*. Des rigoristes trouvaient peut-être qu'elle eût mieux fait d'épouser un homme de son rang ; mais on ne la méprisait pas pour avoir agi comme elle l'avait fait, et même le léger blâme que nous venons d'indiquer n'atteignait pas toutes les concubines, ainsi que nous le verrons bientôt.

La concubine est une femme avec laquelle vit un homme comme si c'était une *uxor*, mais qui cependant n'obtient pas toute la considération qu'un mari accorde à son épouse légitime. Comme une *uxor*, elle habite le domicile conjugal, elle préside à l'intérieur de la maison, mais au dehors l'assimilation n'a plus lieu. La concubine ne partage jamais ni les honneurs, ni les dignités de l'homme avec lequel elle vit.

Cujas, après avoir qualifié la concubine de *semi-nupta*, affirme que, dans les inscriptions antiques, elle est appelée *vice conjux* (Cujas, tit. I, *De sponsal.*, et tit. XXVI, *De concub.*).

Puisque le concubinat est une union légale, quoique d'un ordre secondaire, nous sommes fondé à croire qu'il produisait quelques effets civils ; et tout d'abord nous remarquerons que les enfants issus du concubinat n'étaient pas confondus avec les enfants issus d'unions défendues : ils n'étaient pas des *spurii*, des enfants sans père (*sine patre*), ils avaient un père certain. Nés *secundum legem*, reconnus par les lois Julia et Papia Poppœa, ils étaient *legitimi*. Et c'est cette qualification de *legitimi* qu'ils auront jusqu'au jour où Constantin ouvrira la réaction contre le concubinat. Alors ils ne seront pas encore, comme ils le furent plus tard sous Léon, le produit d'une union illicite et défendue; mais, issus d'une union à peine tolérée à ce moment, on ne les qualifiera plus de *legitimi*. Ils ne seront plus que de purs enfants naturels, *naturales liberi*, à peine susceptibles d'être légitimés.

Hotman (Opera, t. I, *Disput. de spur. et legitimat.*, ch. II) prétend néanmoins que l'expression de *spurii* embrasse même les enfants issus du concubinat. Sa raison, c'est que dans les fragments 2 et 4 du titre VIII, livre XXXVIII au Digeste, la possession de biens *unde cognati* est accordée aux *spurii ;* or, à quel titre l'accorder aux enfants issus du concubinat, si le mot *spurii* ne désigne pas aussi ces enfants? Cela nous paraît mal conclu. Le fragment de Gaïus dont s'empare Hotman dit tout bonnement que, grâce à la bienveillance du préteur, les *vulgo quæsiti* peuvent obtenir la possession de biens *unde cognati* (Dig., fragm. 2, tit. VIII, liv. XXXVIII). Ils ne sont pas exclus de la succession de leurs cognats par le malheur de leur naissance : voilà tout ce que dit Gaïus, et ce qu'il était important que l'on sût ; mais nous mettrions au défi de trouver dans ses expressions rien qui révèle une application du mot *spurii* aux enfants nés du concubinat. Quant à cette affirmation d'Hotman que si on ne leur applique pas le nom de *spurii*, ils ne pourront pas venir à la *bonorum possessio*, elle est plus que hasardée. La *cognatio* s'établit par les femmes ; les enfants issus du concubinat sont cognats entre eux et avec leur mère, personne n'en doute ; ils ont donc la *bonorum possessio unde cognati*. Le silence gardé par Gaïus à leur sujet donnerait plutôt lieu de penser qu'on ne songeait pas à la possibilité d'une distinction entre eux et les enfants issus de justes noces, quand il s'agissait de *cognatio*. Si la loi a cru devoir catégoriquement s'expliquer relativement aux *spurii*, c'est probablement que la honte de leur naissance devait permettre quelques doutes.

Quant au fragment d'Ulpien (Dig., fragm. 4, *Unde cogn.*), invoqué également par Hotman, il ne dit rien de plus, rien de moins que celui de Gaïus, et, par suite, l'observation que je viens de faire s'y applique également.

Un point bien autrement délicat, bien autrement intéressant, et qui réclame toute notre attention, car de la manière dont il sera résolu dépend l'opinion qu'on doit se faire du concubinat, c'est si les enfants issus de cette union procuraient à leurs parents les avantages attachés par le droit romain à la procréation légale.

Je dois dire tout d'abord que, parmi les commentateurs qui ont jusqu'à ce jour plus ou moins courtement écrit sur le concubinat, je n'en connais aucun qui ait soutenu l'affirmative ; le plus grand nombre a laissé de côté la question. Ceux qui l'ont examinée la résolvent négativement, et presque tous, sans paraître croire la controverse possible. Ils font de leur solution un principe, et, sinon un axiome, du moins un article de foi.

Heineccius affirme que le concubinat ne mettait pas à l'abri des peines prononcées contre les *cœlibes* et les *orbi*. A l'entendre, presque tous ceux qui avaient déjà des enfants d'un mariage légitime actuellement dissous, auraient pris des concubines pour ne donner à leurs enfants ni marâtres, ni cohéritiers (Heineccius, Comm. *Ad leg. Pap. Popp.*, ch. IV).

Cette explication du concubinat me satisfait peu. Si l'homme n'a pas atteint l'âge où il lui est permis de ne pas être marié, la concubine qu'il prend ne le soustrait pas, dans le système d'Heineccius, aux incapacités qui atteignent le *cœlebs ;* et, s'il est arrivé à l'âge où il peut sans inconvénient rester dégagé de tout lien légal, pourquoi s'associe-t-il une femme de condition infime, lui qui, toujours d'après Heineccius, tremble à l'idée de donner une marâtre à ses enfants? Une affranchie, une prostituée sera-t-elle moins dangereuse qu'une femme dont il eût été possible de faire une *uxor?* Heineccius s'est dit, peut-être, qu'une jeune femme de condition honorable ne consentirait pas à lier son existence à celle d'un vieillard. Soit. Mais la fille de basse condition, qui aura fait le sacrifice de sa jeunesse, ne voudra-t-elle point se le faire payer, au grand dommage de ces héritiers légitimes, dont l'intérêt semblait si touchant à leur père? Ses actes d'avidité n'auront-ils pas même leur justification dans l'incapacité à laquelle elle se soumet en ne contractant pas de justes noces, qui seules, toujours d'après Heineccius, soustraient aux peines portées contre le célibat? Au fond, dans le système du professeur de Halle, le concubinat serait une institution destinée à satisfaire la lubricité des vieillards ; et c'est à de pareilles fins qu'aurait tendu la morale du neveu de César.

Un autre partisan de l'opinion d'après laquelle le concubinat ne produirait pas de conséquences juridiques, Lauterbach (liv. XXV, tit. VII, Dig., *Comm.*), formule la proposition suivante : « Ceux qui vivent en concubinat ne jouissent en rien des droits attachés à la qualité d'époux. » A l'appui, deux textes du Digeste : le premier est le *principium* du fragment 17 du titre II, livre XXV. « Si concubina res amoverit, dit Ulpien, hoc jure utimur, ut furti teneatur. »

De ce qu'on n'a pas pour la concubine tous les ménagements que l'on a pour l'*uxor*, conclure, comme le fait Lauterbach, qu'on ne reconnaissait point aux personnes unies en concubinat les avantages dont les lois Julia et Papia privent exclusivement les *cœlibes* et les *orbi*, est une hardiesse de dialectique vraiment vertigineuse. Qu'était l'*actio rerum amotarum?* Une exception faite à la règle générale en faveur des *justæ nuptiæ*. Il n'avait point paru convenable que l'homme exerçât l'action infamante de vol contre celle qu'il avait élevée jusqu'à lui, dont il avait fait son égale, en un mot, contre l'*uxor*. On avait imaginé le tempérament de l'*actio rerum amotarum*, qui sauvegardait la dignité du mari lui-même, et la considération accordée au mariage.

A l'égard de la concubine, tirée des rangs inférieurs de la société, toujours maintenue par l'homme qui se l'attachait dans un état d'infériorité relative, on n'avait pas senti le besoin de pareils ménagements. Les détournements dont elle était coupable conservaient la dénomination de vol. La concubine sera donc soumise à l'*actio furti*. Elle est une voleuse. D'accord ! Est-ce à dire qu'elle soit une *cœlebs* et une *orba?*

Le second texte, invoqué par Lauterbach, est le fragment 31, *princ.*, du titre *De donationibus*. « Donationes in concubinam collatas non posse revocari convenit. » Voilà ce que dit Papinien.

Ainsi, c'est chose entendue : les donations faites à la concubine sont valables et même irrévocables. On ne trouve pas mauvais que l'homme assure à la mère de ses enfants, à la femme dévouée souvent, obscure toujours, presque inévitablement pauvre, avec laquelle il a longtemps vécu, une existence convenable : cela est juste et humain. L'homme peut donc faire des libéralités à celle qui est sa concubine. La concubine pourrait en faire aussi, chose sans doute plus rare, à l'homme dont elle est la compagne. Les donations sont possibles entre personnes vivant en concubinat, elles ne le sont pas entre époux. On redoute l'influence que peut exercer sur les déterminations d'une personne l'être qui a vécu avec elle dans une parfaite indivisibilité de condition ; on ne craint pas en général (peut-être est-ce trop de sécurité) la pression d'une concubine sur un homme qui l'a spontanément laissée dans une position inférieure, lorsqu'il pouvait l'épouser, ou l'a nécessairement tenue en médiocre considération, par préjugé de naissance, quand il lui était interdit de la prendre comme *uxor* et de se mésallier avec elle. Encore bien moins redoute-t-on la captation de l'homme envers une femme qui n'a probablement rien.

Après cela, le beau raisonnement que celui de Lauterbach : une *uxor* ne peut recevoir entre vifs des donations de son époux, l'époux ne peut rien recevoir de son *uxor;* au contraire, les libéralités faites à la concubine par son conjoint, et celles faites à celui-ci par sa concubine sont valables ; or les époux ne sont pas *cœlibes*, et quand ils ont des enfants ne sont pas *orbi;* donc la concubine et son conjoint sont nécessairement *cœlibes* et *orbi!*

Pour résoudre la question qu'Heineccius et Lauterbach ont traitée si sommairement, il est bon de distinguer entre les divers avantages attachés à la procréation légale. C'est ce que ne manquent pas de faire les auteurs modernes. Ces avantages peuvent, selon nous, se ramener à trois catégories principales : le *jus liberorum*, le *jus capiendi ex testamento* et le *jus caduca vindicandi*.

Aux hommes, le *jus liberorum* procurait une remise d'âge pour les *honores*. Aulu-Gelle (*Nuits attiques*, liv. II, ch. v), nous apprend que, d'après la loi Julia, celui des deux consuls qui avait le plus d'enfants pouvait se faire précéder des faisceaux avant son collègue. Le *jus liberorum* procurait aussi l'exemption de certaines charges publiques. Il dispensait de la nécessité d'être *judex*, au dire de Papinien; il fournissait une cause suffisante d'excuse pour la tutelle; ainsi le citoyen qui avait trois enfants à Rome, celui qui en avait quatre en Italie, et celui qui en avait cinq dans les provinces, pouvait se dispenser d'accepter la tutelle; du reste, les enfants adoptifs ne comptaient pas à l'adoptant : ils comptaient à leur père naturel (*Vatic. Fragm.*, §§ 191, 192, 194 et 196). En principe, un affranchi riche d'au moins cent mille sesterces devait, à sa mort, laisser une partie de ses biens à son patron; mais s'il avait trois enfants, toute sa fortune passait à ceux-ci, et le patron était écarté (Gaïus, *Comm.* IV, § 4).

Pour les femmes, le *jus liberorum* avait aussi d'importantes conséquences; toutefois, nous devons remarquer que le nombre d'enfants exigé variait suivant la condition de la femme et suivant les différents avantages qu'il s'agissait d'obtenir. D'après la loi Papia, les femmes ingénues étaient libérées de toute tutelle lorsqu'elles avaient mis au monde trois enfants; les affranchies étaient, par ce même nombre d'enfants, soustraites à la tutelle atilienne et à la tutelle fiduciaire; mais il fallait qu'elles en eussent eu quatre pour cesser d'être soumises à la tutelle légitime (Gaïus, *Comm.* I, § 194). Il résultait de là que les femmes qui avaient eu le nombre d'enfants voulu pouvaient tester sans avoir recours à l'*auctoritas* d'un tuteur (Gaïus, *Comm.* III, § 44). Aux termes encore de la loi Papia, la patronne ingénue qui avait deux enfants, et la patronne affranchie qui en avait trois ou un plus grand nombre, jouissaient à peu près, relativement aux biens de leur affranchie, de tous les droits de succession accordés au patron par l'édit du préteur; et quand la patronne ingénue avait trois enfants, elle avait exactement les mêmes droits que le patron (Gaïus, *Comm.* III, §§ 50 et 52). Or, l'édit du préteur voulait que l'affranchi, s'il faisait un testament, laissât la moitié de ses biens à son patron. S'il mourait intestat, ayant pour *heres suus* un enfant adoptif, le patron obtenait encore contre cet héritier la *bonorum possessio* pour moitié (Inst. Justin., liv. III, tit. VII, § 1).

La fille de la patronne tenait de la loi Papia les mêmes droits que sa mère, pourvu que celle-ci ait eu le nombre d'enfants exigé, et qu'elle-même en ait eu au moins un (Gaïus, *Comm.* III, § 53).

Enfin le sénatus-consulte Tertullien appelait à la succession *ab intestat* de leurs enfants les ingénues qui en avaient eu trois; il fallait qu'une affranchie en eût eu quatre pour pouvoir leur succéder (Paul, *Sent.*, liv. IV, tit. IX, §§ 1, 7 et 9).

On le voit, les avantages attachés au *jus liberorum* ne laissaient pas que d'être nombreux. Il n'était pas nécessaire d'avoir sous sa puissance les enfants qui les procuraient. Ce point nous paraît incontestable. En effet, les femmes n'ont jamais la *patria potestas* sur leurs enfants, jamais elles n'ont que des enfants naturels, et cependant elles jouissent fort bien du *jus liberorum.* Si donc on admet comme fondée l'opinion de M. Rudorff, qui exige que les enfants soient en puissance pour que leur père puisse *vindicare caduca,* on ne peut également admettre cette distinction des enfants en *sui* ou *non sui*, quand il s'agit du *jus liberorum;* on ne peut rattacher ce droit à la circonstance que les enfants sont *in potestate.*

Nul ne nie que le *vulgo quæsitus* ne serve à sa mère pour le *jus liberorum*, car cet enfant est aussi sûrement à sa mère que celui né de justes noces; et si un *vulgo quæsitus* peut compter à sa mère pour lui assurer les priviléges dont il est question, il est hors de doute que l'enfant né du concubinat devra également lui compter.

Dès que la question de puissance sur l'enfant est écartée, la seule chose dont on ait à s'enquérir, c'est si cet enfant appartient à telle personne. Un *vulgo conceptus,* n'ayant point de père certain, ne peut évidemment compter à aucun homme pour le *jus liberorum;* mais un enfant né du concubinat, ayant un *pater certus*, un père connu (le paragraphe 168 des *Fragmenta Vaticana* et toutes les constitutions *De naturalibus liberis* le prouvent), cet enfant doit assurément lui compter pour l'obtention des avantages que nous avons énumérés plus haut. Prétendrait-on que le *jus liberorum* ne concerne que les femmes? Cette opinion ne se soutiendrait pas un instant. Les excuses de la tutelle et des fonctions publiques se tirent du nombre d'enfants appartenant à la personne qui les invoque, et certes il ne peut être question d'exempter les femmes ni de la tutelle ni des charges publiques.

Dans cette matière, le paragraphe 194 des *Vaticana Fragmenta* nous fournit un argument digne de remarque, pour soutenir que la puissance paternelle est indifférente lorsqu'il s'agit du *jus liberorum*. Le texte de ce paragraphe nous dit qu'on n'examinait pas si les enfants étaient *justi* ou non, quand il s'agissait de décider si une personne devait être exemptée de la tutelle. « Justi autem an injusti sint filii non requiritur. » Qu'est-ce que ces enfants *injusti*, sinon ceux issus du concubinat? Un homme ne peut avoir, comme provenus de lui, que deux espèces d'enfants : des enfants issus de justes noces, ou des enfants nés de la seule autre union qui soit avec le *matrimonium* déterminative de la paternité.

A la vérité, quelques auteurs pensent que, par *injusti*, il faut entendre des enfants nés d'un *matrimonium justum*, contracté au mépris des prohibitions de la loi Julia et Papia, et ils s'efforcent de confirmer leur opinion par ce fragment des *Sentences* de Paul : « Sui heredes sunt hi : primo loco filius, filia in potestatem patris constituti, nec interest adoptivi sint an naturales, et secundum legem Juliam Papiamve quæsiti, modo maneant in potestate (Paul, *Sent.*, liv. IV, tit. VIII, § 4). » Ils traduisent : « Les héritiers siens sont : le fils, la fille, soumis à la puissance paternelle, et peu importe qu'ils soient adoptifs, ou naturels, ou nés suivant les principes de la loi Julia et Papia, pourvu qu'ils soient *in potestate*. » Les *heredes sui* sont par conséquent les enfants adoptifs, les enfants nés conformément aux lois Julia et Papia Poppœa, et les enfants nés suivant les anciens principes du droit, mais sans que les conjoints aient tenu compte des prohibitions établies par les lois caducaires, auquel cas, précisément, ils sont *injusti*. Voilà tout l'argument; il s'agit d'y répondre.

Ma proposition est celle-ci : Les enfants nés de justes noces sont *justi*, les enfants nés du concubinat sont *injusti*. Voici celle qui nous est opposée : Sont *injusti* les enfants issus de justes noces, mais en contravention des lois Julia et Papia Poppœa. Le texte de Paul dit-il rien de pareil? « Les héritiers siens d'un homme sont : le fils, la fille en puissance, et il n'y a pas à rechercher s'ils sont adoptifs ou naturels et nés conformément à la loi Julia et Papia. » Pour la plus grande commodité de l'opinion qu'on soutient, on affirme que ces enfants, nés contrairement aux dispositions de la loi Papia, sont les *injusti liberi* dont il est question dans le paragraphe 194 des *Vaticana Fragmenta*, et malgré cela on est obligé de les déclarer issus de justes noces, car autrement ils ne seraient pas *heredes sui*. Mais vraiment l'esprit se fait-il à cette idée : *Liberi nati ex nuptiis justis, injusti sunt ?* Il ne me faudrait rien moins qu'un texte dont ce serait là la formule, pour que je me résignasse à admettre une pareille conception. Ajoutons que, pour établir le système devant lequel je recule, on est amené à dire que les unions contractées au mépris de la loi Papia Poppœa n'étaient pas nulles, qu'elles produisaient tous les effets attachés au *justum matrimonium*, moins les avantages attribués aux conjoints par les lois caducaires. Eh bien, cette assertion ne me paraît pas justifiable. D'abord, je suis profondément convaincu qu'Auguste fit plutôt disparaître des prohibitions qu'il n'en créa de nouvelles : ainsi nous le voyons accorder aux ingénus le *connubium* avec les affranchis. Il maintint un petit nombre des anciennes prohibitions ; je ne crois pas qu'il en ait créé une seule. Je pourrais donc prétendre qu'il n'y a pas d'union contractée *contra legem Juliam et Papiam* qui ne soit en même temps contraire à ce que j'appelle le droit antérieur, et à ce que les partisans de l'opinion par moi rejetée appellent le *jus civile*.

Mais admettant, provisoirement du moins, que les lois caducaires aient créé de nouvelles prohibitions, je demande s'il est probable que l'empereur ait défendu certaines unions sans donner à sa loi une sanction positive, qui fut la nullité ? A ceux qui ne verraient en cela rien d'impossible, je présenterais plus d'un texte, qui serait, sans doute, de nature à modifier leur opinion. Il en est en effet plusieurs où le mariage contracté dans des conditions que les lois Julia et Papia repoussent est déclaré nul.

Un fragment (fragm. 16, pr., *De rit. nupt.*, Dig.) tiré du livre XXXV de Paul, *ad edictum*, déclare nul le mariage de la fille d'un sénateur avec un affranchi.

Dans le même cas, un fragment de Papinien, extrait du quatrième livre des *Réponses* de ce jurisconsulte, nous fait voir que le mariage reste nul, lors même que le père de la fille vient à perdre la dignité de sénateur (fragm. 34, § 3, *De rit. nupt.*, Dig.).

Enfin Modestin, dans son livre *De ritu nuptiarum*, a écrit : « Le mariage d'une femme de l'ordre sénatorial avec un affranchi, un comédien, ou le fils d'une telle personne, est nul. » (Fragm. 42, § 1, *De rit. nupt.*, Dig.)

En présence de pareils textes, peut-on soutenir que les enfants nés de ces unions seront sous la puissance de leur père? Un père n'a sous sa puissance, pour les avoir procréés, que les enfants issus de justes noces : « In potestate nostra sunt liberi nostri, quos justis nuptiis procreavimus; » (Gaïus, *Comm.* 1, § 55.) et encore, « in potestate sunt liberi parentum ex justo matrimonio nati » (Ulp., *Reg.*, tit. V, § 1.)

Les enfants nés d'unions que la loi ne consacre pas, ne sont que des *vulgo quæsiti*, et n'ont pas de père à qui ils puissent en rien compter.

Peut-être dira-t-on que le mariage qui aurait lieu entre un homme âgé de moins de soixante ans et une femme de plus de cinquante, serait un de ces mariages que les lois caducaires, ou plutôt, comme le fait très-judicieusement remarquer M. Machelard dans son excellent ouvrage sur l'accroissement, que des sénatus-consultes, postérieurs à ces lois, prohibaient, et qui étaient valables selon l'ancien droit; que, par conséquent, les enfants phénoménalement issus de ces unions sont les *injusti* des *Vaticana Fragmenta, heredes sui* du fragment de Paul. On pourrait ingénieusement chercher à établir la validité de telles unions, en argumentant d'un texte d'Ulpien (Ulp., *Reg.*, tit. XVI, § 3), dans lequel, à propos d'un pareil mariage, il est question d'une dot qui serait caduque. Mais ne serait-ce pas aller un peu loin que de dire : puisque le jurisconsulte a employé le mot dot, c'est qu'il y avait mariage, car sans mariage pas de dot? A Rome autrefois, comme en France aujourd'hui, pour éviter des périphrases, on donnait souvent à l'apparence de la chose le nom qui regulièrement n'aurait dû être appliqué qu'à la chose elle-même. Ulpien, lorsqu'il dit que le mariage d'un homme âgé de moins de soixante ans avec une femme âgée de plus de cinquante, ne peut servir *ad capiendas hereditates et legata et dotes*, et lorsqu'il ajoute : *mortua muliere, dos caduca erit*, entend tout simplement que, si la femme vient à mourir, l'homme avec lequel elle aura vécu, n'aura pas, relativement aux valeurs qu'en cas de mariage régulier on appellerait dot, les droits qu'aurait eus un mari.

D'ailleurs, deux constitutions de Justinien sont là pour attester que ces mariages n'étaient pas non plus valables. Dans l'une de ces constitutions (loi 27, *De nupt.*, Cod.), il dit que désormais les mariages autrefois prohibés entre les personnes dont nous parlons seront valables et ne pourront être empêchés en aucune façon. Donc, antérieurement à cet empereur, ces mariages étaient nuls. Sans cela, il n'eût pas eu à les valider.

Cependant, selon de très-savants romanistes, cette constitution signifierait seulement qu'on n'appliquerait plus à ces sortes d'unions les incapacités établies par les lois Julia et Papia Poppæa. C'étaient, en effet, disent-ils, les seules qu'il y eût à faire disparaître, car le droit romain n'avait jamais privé du *connubium* ceux qui avaient dépassé un certain âge; les mariages que des vieillards pourraient contracter entre eux, étaient réguliers, d'après l'ancien droit, et les enfants qui en naissaient étaient légitimes et *heredes sui*. Malheureusement, la seconde constitution de Justinien (loi 12, *De legit. hered.*, Cod.) ne permet pas cette explication de la première. Il y est positivement dit qu'à l'avenir les enfants nés d'une quinquagénaire auront à la succession de leur père tous les droits attachés à la qualité d'enfants légitimes. Ils ne les avaient donc pas auparavant; ils n'étaient donc pas les *heredes sui* du fragment de Paul; ils ne sont donc pas ces enfants qu'on croit voir dans les *injusti liberi* des *Vaticana Fragmenta*.

Pour moi, le texte de Paul signifie : Sont héritiers siens le fils et la fille, et peu importe qu'ils soient adoptifs ou naturels, et nés dans des conditions que l'ancien droit ne reconnaissait pas, mais que les lois Julia et Papia Poppœa avaient admises, pourvu qu'ils soient en puissance. « Nec interest adoptivi sint an naturales *et* (et non pas *an*), *secundum* (et non pas *contra*) legem Juliam Papiamve quæsiti. »

Le doute à cet égard pouvait naître, puisque, de toute ancienneté, l'*heres suus* était celui qui était né conformément à la loi des Douze Tables. Ce n'était pas, par exemple, l'enfant qu'un ingénu aurait eu d'une affranchie. Quand la loi Papia fit disparaître cette prohibition, quand un pareil mariage fut possible *secundum has leges*, on eut à s'expliquer sur ce point, et la solution de la difficulté se trouve indiquée dans une *sententia recepta* de Paul. Le jurisconsulte déclare héritiers siens les enfants qu'un homme a eus conformément aux anciens principes, et même ceux qu'il a eus d'après les principes nouveaux introduits par les lois caducaires. Les premiers comme les derniers sont de *justi liberi*.

Revenant à notre point de départ, qui a donné lieu à cette longue digression, je persiste à dire, avec plus de conviction encore, qu'un homme, dans la matière qui nous occupe, ne peut avoir que deux espèces d'enfants : des enfants nés de justes noces, ou des enfants issus du concubinat. Les premiers étant *justi*, les *injusti* dont parlent les *Vaticana Fragmenta* sont les enfants nés du concubinat.

Il est encore un texte qu'on invoque pour soutenir que les enfants issus du concubinat ne procuraient pas le *jus liberorum;* et, ce qui est bizarre, moi, de mon côté, j'invoque le même texte en faveur de mon opinion.

« Item quidam tamen justos secundum has leges putant dici. Divi quoque Marcus et Lucius Apronio Saturnino ita rescripserunt : *Si instrumentis probas habere te justos tres liberos, excusationem tuam Manilius Carbo prœtor vir clarissimus accipiet.* Sed justorum mentio ita accipienda est, uti secundum jus civile quæsiti sint. » (*Vatic. Fragm.*, § 168.)

Vous le voyez, dit-on, les enfants qui servent pour l'*excusatio tutelæ* sont les enfants *justi secundum jus civile*, et non les enfants *justi secundum legem Juliam et Papiam*.

Cette interprétation ne me paraît pas exacte. *Justi secundum jus civile* n'est pas la même chose que *quæsiti secundum jus civile*. Les enfants désignés par la dernière expression sont, à la lettre, ceux nés dans des conditions admises par le droit civil. Ceux, au contraire, désignés par la première sont, de l'aveu de tous les jurisconsultes, des enfants issus de justes noces.

Mais, laissant de côté cette observation, donnons notre explication du paragraphe 168 des *Vaticana Fragmenta*. Les lois Julia et Papia ayant reconnu les enfants nés du concubinat, quelques jurisconsultes avaient pensé, à tort, que les enfants nés de cette union pouvaient être qualifiés *justi*. Marc-Aurèle, dans un rescrit, semblait avoir consacré cette opinion, en disant que dès que l'on avait trois *justi liberi*, on pouvait se faire dispenser de la tutelle. Or, comme il était notoire que les enfants nés du concubinat, tout aussi bien que ceux nés de justes noces, profitaient pour ces excuses, la conclusion à tirer du langage de l'empereur était que les enfants nés du concubinat figuraient au nombre des enfants *justi*. Au fond, le texte ne fait que constater l'impropriété des expressions employées par l'empereur et prouve implicitement ma proposition, que les enfants nés du concubinat sont les *injusti*. du paragraphe 194 des mêmes *Vaticana Fragmenta*.

En résumé, Marc-Aurèle applique improprement la qualification de *justi* aux enfants issus du concubinat; le jurisconsulte des *Vaticana Fragmenta* le remarque, et déclare que la mention de *justi* doit être entendue comme s'il y avait *secundum jus civile quæsiti*, expression qui comprend tous les enfants nés conformément aux lois, tandis que les enfants *justi secundum has leges* ne seraient jamais que des enfants issus de justes noces.

Les lois Julia et Papia Poppœa font partie du *jus civile* tout aussi bien que les lois anciennes, tout aussi bien que la loi des Douze Tables. Si, parfois, on oppose le *jus civile* aux constitutions, aux sénatus-consultes, aux édits du préteur, à tous ces éléments d'un droit, qu'on pourrait appeler impérial, sénatorial ou prétorien, on ne l'oppose jamais à une décision émanée du peuple. Les règles de droit établies par le peuple, c'est-à-dire par les citoyens, sont toutes, qu'elles soient récentes ou anciennes, des éléments du *jus civitatis*, ou en d'autres termes, du *jus civile*.

A cette affirmation, que je n'émets pas sans l'avoir mûrement méditée, je ne pense pas qu'on puisse opposer un seul texte authentique. Le seul qui pourrait m'être contraire est une restitution des paragraphes 2 et 3 de la *Disputatio forensis de manumissionibus*. Cette restitution due à M. Bœcking donne ceci :

Δικαίον πολιτικὸν τὸ μὲν ἔγγραφον, τὸ δὲ ἄγραφον προσαγορεύεται. Ἐκεῖνο δὲ ἐκ πλειόνων μερῶν συνέστηκεν. Ἀλλὰ διατάξεις αὐτοκρατορικαὶ νόμων τάξιν ἐπέχουσιν, καὶ ὁμοίως τιμῶνται. Μέρος δέ ἐστὶν καὶ τοῦ πραίτορος διάταγμα ἢ ἀνθυπάτου, ὁμοίως τιμητέον. Αὐθεντίαν δὲ ἔχει καὶ τὰ ὑπὸ τῶν νομικῶν νομοθετούμενα· ἐκ τούτου γὰρ ὃ οἱ νομικοὶ συγκατένευσαν, τὴν ἐμπειρίαν συγκατέθεντο, καὶ παρείληπται τῶν ἀποκριμάτων ὄνομα, ὥστε τοὺς νομικοὺς ἐπερωτωμένους ἐξ ἀποφθεγμάτων νομοθετεῖν. Καὶ κεφαλαιωδῶς εἰώθαμεν ταῦτα λέγειν δίκαιον πολιτικόν. Νόμος γὰρ λέγεται ἐξαιρέτως, ὡς ὁ Ἰούλιος καὶ Πάπιος· ἀλλ' οὕτως καὶ τὰ λοιπὰ μέρη τοῦ δικαίου προσαγορεύεται. En latin : « Jus civile *aliud scriptum, aliud non scriptum,* appellatur. *Illud autem* ex pluribus partibus constat. Sed constitutiones imperiales *legis vicem obtinent et* similiter *honorantur. Pars est etiam edictum prætoris vel proconsulis*, similiter honorandum. *Auctoritatem habent etiam quæ a jurisconsultis constituta sunt;* ex eo enim, *de quo jurisconsulti consenserunt* prudentiam constituerunt, et receptum est responsorum *nomen, ita ut iurisconsulti interrogati ex responsis jus constituerent*. Et summatim solemus hæc dicere *jus civile*. Lex *enim dicitur præcipue, ut* Julia et Papia, *sed ita et* cæteræ partes juris appellantur. »

Quelle que puisse être mon admiration pour l'archéologie et les merveilles qu'elle enfante, je n'accepterai jamais comme documents les chefs-d'œuvre de patience et d'art que, sans doute à leurs moments perdus, réalisent les savants. J'espère qu'on voudra bien me permettre de ne voir rien en dehors de ce qui nous est parvenu du texte de Dosithée. Le voici avec sa traduction latine :

Δικαίον πολιτικὸν προσαγορεύεται, ὡς ἐκ πλειόνων μερῶν συνέστηκεν..... ἀλλὰ διατάξεις αὐτοκρατορικαὶ..... ὁμοίως τιμητέον, ὃ ἐστίν καί τοῦ πραίτορος διάταγμα ὁμοίως ἢ ἀνθυπάτου..... ἐκ τούτου γὰρ συγκατέθεντο τὴν ἐμπειρίαν..... καὶ παρείληπται τῶν ἀποκριμάτων, καὶ κεφαλαιωδῶς εἰώθαμεν ταῦτα λέγειν.....

Νόμος γὰρ Ἰούλιος καὶ Πάπιος..... τὰ λοιπὰ μέρη τοῦ δικαίου προσαγορεύονται.

« Jus civile appellatur, quasi ex pluribus partibus constat... sed constitutiones imperatoriæ... similiter honorandum, quod est et prætoris edictum similiter vel proconsulis... ex eo enim constituerunt jurisprudentiam.... et receptum est responsorum, et summatim solemus hæc dicere....

« Lex enim Julia et Papia... cæteræ partes juris appellantur. »

Dans ces fragments ramenés à leur sincérité, je ne pense pas qu'on puisse rien trouver de contraire à mon opinion ; car, remarquons-le bien, le fragment 3 a sa lacune comme le fragment 2 a les siennes, et cette lacune, omise dans quelques éditions récentes de la *Disputatio forensis*, enlève toute précision, et même tout sens au fragment qu'on pourrait invoquer contre moi.

La continuelle application de l'homme à remplacer par des conjectures les parties complétement effacées des monuments anciens est fâcheuse pour la science. Celui qui croit avoir trouvé une restitution ingénieuse, s'en éprend : « On ne distingue rien là ; c'est cela qui devait y être ! » Moi-même, monsieur, je ne suis pas exempt de cette faiblesse que je condamne. Ainsi, par exemple, il y a au titre Ier § 12, des *Règles d'Ulpien*, une phrase qui se présente de cette façon avec sa lacune : « Sine consilio manumissum c.... servum manere putat. » L'Enchiridium comble le vide par *Cæsaris*, le manuel synoptique par *cènsu* (de ces deux restitutions le verbe *putat* s'arrange comme il peut). Moi je lis audacieusement *Cassius*, et si je donnais une édition des *Règles d'Ulpien*, elle porterait : « Sine consilio manumissum Cassius servum manere putat. » *Cassius! Cassius* sans annotation peut-être ! Et pourtant, j'ai la prétention d'être consciencieux.

Hé bien, que dirait-on si je proposais aussi une restitution du texte de la *Disputatio de manumissionibus*?

Pourquoi pas? Voyons.

Δίκαιον πολιτικὸν προσαγορεύεται, ὡς ἐκ πλειόνων μερῶν συνέστηκεν· ὧν ἓν οἱ νόμοι. Ἀλλὰ διατάξεις αὐτοκρατορικαὶ καὶ τὰ τῆς συγκλήτου βουλεύματα τοῦ αὐτοῦ εἰσὶ δικαίου· Τό τε πραιτοριανὸν δίκαιον ὁμοίως τιμητέον, ὅ ἐστὶν καὶ τοῦ πραίτορος διάταγμα ὁμοίως ἢ ἀνθυπάτου. Ὁμοίως ὅτι τοῖς ἐμπείροις ἔδοξε· ἐκ τούτου γὰρ συγκατέθεντο τὴν ἐμπειρίαν, ἥπερ ὄνομα δέδοται καὶ παρείληπται τῶν ἀποκριμάτων. Καὶ κεφαλαιωδῶς εἰώθαμεν ταῦτα λέγειν δίκαιον πολιτικόν.

Νόμος γὰρ Ἰούλιος καὶ Πάπιος, τῷ αὐτῷ ὀνόματι ᾧ καὶ τὰ λοιπὰ μέρη τοῦ δικαίου προσαγορεύονται.

Restitution du texte latin :

« Jus civile appellatur quasi ex pluribus partibus constans, *quarum una leges*. Sed constitutiones imperatoriæ *et senatusconsulta ejusdem juris etiam sunt : ut jus prætorium* similiter honorandum, quod est et prætoris edictum similiter et proconsulis. *Item, quod prudentes censerunt,* ex eo enim constituerunt jurisperitiam, *cui nomen datum* et receptum est responsorum. Et summatim hæc dicere solemus *jus civile.*

« Lex enim Julia et Papia *eodem nomine quo* cæteræ partes juris appellantur. »

En français tout cela signifie : « Le droit civil se compose de plusieurs éléments ; entre autres, les lois. Les constitutions impériales et les sénatus-consultes en font aussi partie, aussi bien que le droit prétorien, qui n'a pas moins de valeur, et qui comprend l'édit du préteur et celui du proconsul. Nous en dirons autant des décisions des jurisconsultes, dont on a formé la jurisprudence, et qu'on désigne sous le nom de *responsa.* En somme, on appelle le tout droit civil ; car les lois Julia et Papia Poppœa rentrent dans cette dénomination, comme le reste. »

Toute vanité mise à part, ma restitution est-elle moins probable que celle de M. Bœcking, moins claire, moins juridique? S'ajuste-t-elle moins bien aux ruines du texte authentique? Mais je m'empresse de déclarer que je n'en veux rien conclure, et que je rejette à la fois les débris inutiles et frustes du texte de Dosithée, et les pièces de rapport qui s'y rattachent tant bien que mal.

Nous ne supposons pas non plus que, pour exclure du droit civil les lois Julia et Papia Poppœa, on ait recours à cette règle d'Ulpien (celle du titre XVII, § 1) : « Quod quis sibi testamento relictum ita ut jure civili capere possit aliqua ex causa non ceperit, caducum appellatur, veluti ceciderit ab eo. » Dans ce texte, le jurisconsulte exprime cette grande vérité, que, lorsqu'un testament a été fait selon toutes les formes du droit civil, lorsque par conséquent il est valable, si, par une cause quelconque étrangère à sa confection, quelqu'une de ses dispositions reste sans effet, cette disposition est dite caduque. La cause de caducité pourrait assurément elle-même être de droit civil, et c'est, selon nous, ce qui aurait lieu, dans le cas où elle résulterait des lois Julia et Papia. Pas un mot du jurisconsulte n'indique le contraire.

Il ne nous sera pas difficile maintenant, croyons-nous, d'avoir raison d'une locution employée par un littérateur du deuxième siècle. On ne l'a jamais, que je sache, invoquée en faveur de l'opinion d'après laquelle les enfants *in potestate* procureraient seuls à leur père le *jus liberorum*. Toutefois, je l'ai rencontrée dans mes explorations, et je ne veux pas la laisser debout sur ma route. Aulu-Gelle nous apprend que celui des deux consuls qui avait le plus d'enfants, jouissait d'un droit de priorité sur son collègue, lorsqu'il était question pour la première fois de faire porter les faisceaux devant soi. « Capite septimo legis Juliæ priori ex consulibus fasces sumendi potestas fit, non qui pluris annos natus est, sed qui pluris liberos quam collega, aut in sua potestate habet, aut bello amisit. » (*Nuits attiques*, liv. II, ch. XV.) Comme l'auteur parle d'enfants *in potestate*, et d'enfants morts à la guerre, on pourrait s'aviser de dire : « Il n'y a que les enfants nés de justes noces qui sont sous la puissance paternelle, donc les *justi liberi* seuls, et non les enfants nés du concubinat, compteront pour assurer la prééminence à leur père. » Une lecture réfléchie du passage d'Aulu-Gelle suffit pour faire reconnaître que les mots : *liberi in potestate*, ne concernent pas les enfants qui sont effectivement soumis à la *patria potestas*, mais bien ceux qui sont encore vivants, les *liberi superstites*, les *liberi incolumes*, par opposition à ceux qui ont péri dans les combats. Si l'on conservait quelques doutes à cet égard, ils ne résisteraient probablement pas à la remarque, que les enfants, donnés en adoption, procurent le *jus liberorum* à celui dont ils sont nés, bien que certainement ils ne soient pas sous sa puissance : « In adoptionem dedisse non nocet ; nec adoptasse ad excusationem proderit, quoniam soli naturales tribuunt excusationem. » (*Vatic. Fragm.*, § 196.)

Le *jus liberorum* est donc indépendant de toute puissance paternelle, puisque nous voyons des enfants, soumis à la puissance d'une personne, ne pas lui procurer les avantages qu'on voudrait rattacher à la *patria potestas*, tandis que ces mêmes avantages sont formellement attribués à une personne qui n'a pas d'enfants sous sa puissance.

Le paragraphe 195 des *Vaticana Fragmenta* ne peut être non plus un argument contre nous. En effet, les paragraphes entre lesquels il se trouve atténueraient déjà singulièrement sa valeur. Mais il n'a vraiment aucune force probante, car de ce que des petits-fils, nés d'une fille, ne procurent pas à leur aïeul maternel les avantages qu'ils lui eussent procurés, s'ils fussent nés d'un fils, il n'y a pas à conclure que les enfants *in potestate* souls procurassent le *jus liberorum*. Ce n'était pas parce qu'ils ne se trouvaient point sous la puissance de leur aïeul maternel, qu'ils ne dispensaient pas celui-ci de la tutelle, mais uniquement parce qu'il était inadmissible que les mêmes enfants procurassent les mêmes avantages aux chefs de deux familles différentes. N'étant qu'à la charge de leur ascendant paternel, c'est à lui seul qu'ils profitaient; Marcellus nous en est garant : « Manifestum est, id quod filia parit, non avo sed patri suo esse oneri.» (Dig., fragm. 8, *De agnosc. et alend.*)

Enfin ce qui doit suffire à clore toute discussion à ce sujet, c'est un fragment tiré du deuxième livre *excusationum*, de Modestin. Ce fragment, qui est le second, § 8 du titre *De excusat.*, au Dig., dit en toutes lettres que les enfants *legitimi*, indistinctement, procurent l'*excusatio tutelæ*. Les *legitimi* et non les *justi!* Les *legitimi*, par conséquent tous les enfants reconnus par la loi ! L'enfant né du concubinat n'est pas *justus*, il n'y a de *justi* que les enfants nés de justes noces, mais il est *secundum legem natus*, il est *legitimus!* Je ne comprends pas qu'en présence d'un texte aussi formel, aussi topique, on ait pu un instant contester.

Maintenant, monsieur, si nous passons du *jus liberorum* au *jus capiendi ex testamento*, nous arriverons encore à nous convaincre que les enfants nés du concubinat, comme les enfants nés de justes noces, tous les *legitimi* en un mot, procuraient, quel que fût leur nombre, ce droit à leur mère, tout aussi bien qu'à leur père.

Quelques auteurs ont pensé que, pour jouir du *jus capiendi ex testamento*, il fallait avoir ses enfants sous sa puissance. Cela revient à résoudre, contre les femmes, la question que je tranche, sans hésiter, en leur faveur, et à dire en même temps que les enfants, nés du concubinat, ne comptent pas à leur père. C'est là, croyons-nous, une opinion erronée. En effet, les lois Julia et Papia Poppœa sont, on le sait, remplies de mentions relatives à des privilèges accordés aux personnes qui se trouvent en état d'union légale, elles ne font que proclamer des avantages assurés à ceux qui ont des enfants, elles ne créent qu'une incapacité pour ceux qui ne se seront pas mis en règle avec elles, une seule, celle de recevoir par testament. Or, elles accordent aux femmes, veuves ou divorcées, de ne contracter une nouvelle union qu'après un certain temps. C'est une faveur qu'elles leur concèdent : elles leur font évidemment remise de quelque incapacité qu'elles eussent encourue si ce délai ne leur avait pas été octroyé. Eh bien, quelle pouvait être cette incapacité? La seule nécessairement dont il soit question dans les lois caducaires, l'incapacité de *capere ex testamento*. Conséquence rigoureuse : les femmes comme les hommes avaient le *jus capiendi*. Ici encore, l'idée de puissance écartée, nous serons amenés à la démonstration suivante : La femme, quand elle a des enfants, n'est pas *orba*, car la maternité est toujours certaine : c'est un point sur lequel tout le monde est d'accord. L'homme, en concubinat, est, de par la loi, le père de ses enfants ; il n'est donc pas *orbus*, il a donc le *jus capiendi ex testamento*.

De l'aveu de tous les commentateurs un seul enfant suffisait à l'homme, pour lui donner le droit de *capere ex testamento*, car bien que la loi Papia ait employé le mot *enfants* au pluriel (*liberos*), les jurisconsultes romains font remarquer qu'en cela elle s'est conformée à l'usage grammatical, et qu'on doit nécessairement considérer comme ayant des enfants, celui qui n'aurait qu'un fils ou qu'une fille. Gaius s'explique positivement à cet égard, dans deux fragments extraits de son commentaire *ad legem Juliam et Papiam* (fragm. 148 et 149, *De verb. signif.*, Dig.).

Quant aux femmes on soutient généralement qu'elles étaient considérées comme *orbæ*, tant qu'elles n'avaient pas trois enfants. Cela me paraît bien étrange. Les lois caducaires n'accordent qu'aux personnes, *quæ liberos habent*, le droit de recueillir l'intégralité des dispositions testamentaires faites à leur profit, et cependant, l'homme, même quand il n'a qu'un enfant, jouit de ce droit ; on le lui accorde sans difficulté, par l'excellente raison, que celui qui a un enfant n'est pas sans enfants. « Non est sine liberis, cui vel unus filius, unave filia est. » La femme qui n'a qu'un enfant, n'est pas, ce nous semble, sans enfants, elle n'est pas plus que l'homme en état d'*orbitas*. Et si, pour ce qui est du *jus liberorum*, on a exigé d'elle un nombre d'enfants, variable d'ailleurs et fixé par la loi suivant les circonstances, il ne s'ensuit pas qu'on puisse transporter arbitrairement au *jus capiendi ex testamento* des dispositions spéciales au *jus liberorum*. On serait, du reste, fort embarrassé pour la détermination du nombre d'enfants à exiger, car selon les cas, nous l'avons vu constamment varier. Si on considère qu'avant les lois caducaires, les femmes pouvaient, dans les limites cependant de la loi Voconia, *capere ex testamento*, tout aussi bien que les hommes, sans qu'on eût à se préoccuper si elles avaient ou non des enfants, on reconnaîtra que ces lois sont venues établir un principe excentrique et tout nouveau. Dès lors, ce principe ne doit s'appliquer que dans la mesure formellement déterminée par le législateur; et, quand il y a doute, l'interprétation doit être favorable à la règle ancienne.

D'ailleurs, les hommes aussi, quand il s'agit du *jus liberorum*, ont à avoir un certain nombre d'enfants; et pourtant personne ne s'avise de leur faire, de ce nombre d'enfants, une condition de non *orbitas*.

Remarquons, en outre, monsieur, que le texte des Institutes de Justinien (liv. III, tit. III, § 2) (*ut mater ingenua trium liberorum jus habens, libertina quatuor, ad bona filiorum filiarumve admittatur intestatorum mortuorum*), sur lequel on se fonde, est emprunté au sénatus-consulte Tertullien. Ce sénatus-consulte, à la vérité, n'appelle les femmes à succéder *ab intestat* à leurs enfants, qu'à la condition d'en avoir au moins trois; mais il innovait : les femmes, auparavant, ne venaient jamais à l'hérédité légitime de leurs enfants. Pour ne pas paraître trop novateur, et pour se conformer aux idées de l'époque, le sénat n'avait accordé ce droit nouveau qu'aux femmes qui auraient ou auraient eu trois enfants. C'était une prime exceptionnelle à la fécondité.

Enfin un dernier argument en faveur de mon opinion se trouve dans un fragment tiré du huitième livre des *Réponses* de Papinien. Il y est question d'une concubine n'ayant qu'une seule fille et qui est néanmoins déclarée capable de *capere ex testamento*, l'allégation d'un *stuprum*, qui l'eût rendue indigne de recevoir, ayant été écartée (fragm. 16, § 1, Dig., *De his quæ ut indign.*). Ce texte a, pour moi, une grande importance, car il démontre à la fois que les personnes en état de concubinat ne sont point *cœlibes*, et qu'un seul enfant suffit pour procurer à sa mère, comme il procurerait à son père, le *jus capiendi ex testamento*.

Il faut actuellement nous occuper du *jus caduca vindicandi*, accordé à tout homme qui a au moins un enfant, et généralement refusé à la femme, quel que soit le nombre des enfants qu'elle puisse avoir. Ce droit, attribut de la procréation légale, était un des plus grands avantages que les lois caducaires aient accordés aux *patres;* c'était la faculté, pour ceux-ci, de prendre, dans la succession, les parts qui échappaient aux *cælibes* ou aux *orbi.* On l'appelle le *jus patrum*, et tout ce que j'ai dit précédemment a dû faire pressentir que, dans mon opinion, il appartenait à l'homme qui avait au moins un enfant né du concubinat, puisque cet homme est le *pater certus* de son enfant.

M. Rudorff n'est point de cet avis, il prétend que les seuls *heredes sui* procuraient le droit de *vindicare caduca;* mais on ne voit pas comment il peut établir son assertion. Les enfants donnés en adoption ne sont pas les *heredes sui* de leur père naturel, et cependant ils lui servent pour la revendication des caduques. Le *jus caduca vindicandi* est une récompense accordée à ceux qui donnent des enfants à l'Etat. Ceux qui ont des enfants du concubinat, ou ceux qui en ont de justes noces, méritent également bien du pays !

La théorie de M. Rudorff s'appuie sur deux textes que j'ai déjà interprétés à propos du *jus liberorum.* C'est, en première ligne, le paragraphe 195 des *Vaticana Fragmenta :* « Ex filia ne- « potes non prodesse ad tutelæ liberationem, sicuti nec ad ca- « ducorum vindicationem palam est. »

Ce paragraphe dit-il : Les enfants en puissance procurent seuls la libération de la tutelle? Il ne le dit ni ne pourrait le dire, démenti qu'il serait par les deux textes entre lesquels il se trouve placé. Puis, comme il assimile la *caducorum vindicatio* à l'*excusatio tutelæ*, il atteste implicitement que les enfants qui procurent l'excuse de tutelle procurent aussi le *jus caduca vindicandi.*

Que si on me répond : « Au moins ce texte prouve-t-il que les enfants *in potestate* procurent seuls le droit de revendiquer les caduques, car il ne tient pas compte des enfants de la fille à l'aïeul maternel, qui ne les a pas sous sa puissance, » je rappellerai que toute idée de puissance doit être écartée en ce qui concerne l'*excusatio tutelæ* et les autres avantages du *jus liberorum*, je me reporterai à mes démonstrations à ce sujet, et j'ajouterai : « Il est impossible que le jurisconsulte, pour nous apprendre que les enfants en puissance procurent seuls le *jus caduca vindicandi*, ait comparé la *caducorum vindicatio* à l'*excu-*

satio tutelæ au même moment où il proclame que la qualité des enfants est indifférente en matière d'*excusatio tutelæ*. Il eût pris un singulier moyen pour nous éclairer sur la matière ! Les enfants de la fille ne procurent aucun avantage à leur aïeul maternel. Cela n'est que juste et raisonnable. S'ils sont nés de justes noces, ils font partie de la famille de leur père, c'est à cette famille que reviennent logiquement les avantages qui pourront résulter de leur naissance ; s'ils sont nés du concubinat, ils n'ont d'autres *parentes* que leur père et leur mère, c'est à ceux-ci que leur naissance profite ; s'ils sont nés du *stuprum* ou de la *scortatio*, ils n'ont au monde que leur mère, ils ne peuvent donc procurer certains bénéfices à d'autres qu'à elle.

On allègue encore, pour soutenir l'opinion de M. Rudorff, le paragraphe 168 des *Vaticana Fragmenta*, et le paragraphe 4, tit. VIII, liv. IV, des *Sentences* de Paul. J'ai précédemment fixé le sens de ces paragraphes, et je ne crois pas nécessaire de reprendre la réfutation des arguments qu'on en veut tirer : je renvoie à ce que j'ai dit plus haut.

Si, comme je le prétends, la puissance paternelle n'est point requise pour qu'une personne ait le *jus caduca vindicandi*, il faut admettre que tout homme qui est certainement le père d'un enfant peut revendiquer les caduques. Or, il est deux paternités certaines : celle qui résulte du *justum matrimonium* et celle qui résulte du concubinat. Dès qu'on est *pater* aux yeux de la loi, on a le *jus caduca vindicandi*, car le *jus caduca vindicandi* est conféré aux *patres*.

Je crois qu'il n'appartient pas aux femmes. Mais ce n'est pas dans le paragraphe 195 des *Vaticana Fragmenta*, qui ne prouve rien, que je puise ma conviction. Les femmes, selon moi, n'ont pas le droit de revendiquer les caduques, parce que tous les textes relatifs à ce droit ne parlent jamais que des *patres*, et qu'il me paraît difficile de soutenir qu'une femme soit *pater*.

Du reste, il n'est pas très-choquant de voir les femmes maintenues dans un état d'infériorité relative, elles qui, à l'époque de la rédaction des lois caducaires, se trouvaient encore soumises aux restrictions de la loi Voconia.

Laissons un instant les textes et parlons maintenant à la pure raison. Rome était dépeuplée, il fallait réagir contre la débauche. Pour cela, que pouvait faire l'empereur ? Certes, il pouvait déclarer que les citoyens, à partir d'un certain âge, auraient à contracter de justes noces, et que les enfants dont ils seraient alors les pères leur vaudraient des priviléges particuliers. Il pouvait frapper d'incapacité ceux qui ne se marieraient point, ne reconnaître que le *justum matrimonium* ; il pouvait flétrir et réprimer le concubinat. Mais il eût ainsi fait disparaître une union prolifique, préférée aux justes noces, et que les mœurs, ces agents du *jus non scriptum*, étaient loin de réprouver. Ce n'eût pas été très-adroit ! Aussi, loin de condamner le concubinat, le sagace et prudent empereur le régularise, le consacre, le légitime. Il reconnaît un père certain aux enfants qui en naissent. N'aurait-il, par hasard, agi de la sorte que pour faire peser sur le père quelques charges peu enviées de la paternité ? De celui qu'il déclarait père certain de ses enfants, il n'aurait pas fait un *pater* ! Aux gens qui se résignaient à cette union, il aurait infligé des incapacités jusqu'à lui inconnues ! Il leur aurait laissé le titre de *cœlibes* ! Cela n'est pas possible ! On n'a pas de ces aberrations ! Ce n'est pas ainsi qu'un législateur procède ! *Credat Judæus Apella ; non ego.*

Ce point éclairci, demandons-nous de quelle manière le concubinat se contractait. Je pense que le concubinat, comme le mariage, auquel les jurisconsultes le comparent sans cesse, se formait par le seul consentement. Cette opinion, quoique très-répandue, n'est cependant pas unanimement adoptée, et même des romanistes d'une grande autorité la rejettent.

Quelques-uns assimilent le mariage à un contrat réel, et soutiennent qu'il se formait par la remise de la femme au mari. Pour ce système, que mon savant maître, M. Ortolan, a mis surtout en lumière, on a tiré de nombreux arguments des classiques et des jurisconsultes. Il n'y a pas, a-t-on dit, de *matrimonium justum*, tant que la femme n'a pas été solennellement conduite au domicile de son mari. La preuve, c'est que les auteurs latins emploient constamment, on pourrait dire presque exclusivement, l'expression de *uxorem ducere*, pour dire qu'un homme se marie. On argumente ensuite d'un fragment du quatrième livre de Pomponius *ad Sabinum*, et d'un fragment tiré du trente-cinquième livre d'Ulpien *ad Sabinum*.

Aux termes du premier de ces fragments, une femme pourrait épouser un homme absent, par lettre ou par message, pourvu toutefois qu'elle fût conduite dans la demeure de celui qu'elle épouse, « si in domum ejus deduceretur. » (Fragm. 5, *De rit. nupt.*, Dig.) Vous voyez donc bien, conclut-on, que le *matrimonium* n'est pas une relation purement consensuelle, puisque, pour le former, il ne suffit pas de certaines communications échangées, et qu'il faut la *mulieris ductio in domum mariti*, ou l'équivalent de la tradition de la femme au mari.

Le fragment d'Ulpien fournit un argument analogue au précédent. On dit : Puisque, d'après Cinna, la femme qui a été reçue dans le domicile d'un homme absent doit le pleurer, s'il vient à périr avant d'être revenu (fragm. 6, *De rit. nupt.*, Dig.), c'est qu'évidemment elle n'aurait pas eu à porter son deuil, si elle n'avait pas été reçue dans le domicile conjugal ; c'est qu'elle n'eût pas été mariée.

On invoque encore un passage des *Sentences* de Paul : « Vir « absens uxorem ducere potest, femina absens nubere non po- « test » (Paul, *Sent.*, liv. II, tit. XIX, § 8), et un fragment de Scævola. Ce dernier jurisconsulte suppose qu'une jeune fille a été conduite dans les jardins de son futur époux, trois jours avant que le mariage se fasse ; qu'elle y occupe un pavillon séparé, et que le jour du mariage, avant de passer dans l'appartement de son fiancé, et de recevoir l'eau et le feu (c'est-à-dire avant que les noces aient été célébrées), celui qu'elle consent à avoir pour époux, lui fait donation de dix *aurei*. Scævola se demande si la donation ainsi faite doit être considérée comme la donation d'un mari à sa femme, donation qui serait nulle (Ulp., *Reg.*, tit. VII, § 1), ou bien comme une donation faite *ante nuptias*, donation qui est valable (fragm. 27, *De don. int. vir.*, Dig.), et c'est à cette dernière interprétation qu'il s'arrête (fragm. 66, § 1, *De don. int. vir.*, Dig.). La conséquence est donc qu'il n'y a pas mariage tant que la femme n'a pas été livrée au mari.

Puis un fragment d'Ulpien est allégué, dans lequel le jurisconsulte déclare qu'un legs ayant été fait à une personne sous cette condition, *si in familia nupsisset*, la condition sera réputée accomplie dès que la femme aura été *ducta* (fragm. 15, *De cond. et demonst.*, Dig.). Il n'est pas nécessaire qu'elle ait eu des relations avec son mari ; mais au moins faut-il que la *ductio domum* ait été pratiquée. Enfin les partisans de ce système se prévalent d'un texte de Modestin (fragm. 27, *De don. int. vir.*, Dig.) : Des personnes, parfaitement d'accord pour le mariage, peuvent se faire des donations, tant que les *nuptiæ* n'ont pas eu lieu ; c'est donc que le consentement par lui-même ne suffisait pas pour en faire des époux.

Ces arguments suffisent-ils pour renverser l'opinion presque générale et, selon moi, très-fondée, d'après laquelle le mariage se forme *solo consensu?* Je ne le crois pas. La *ductio domum* n'est pas, à mes yeux, un procédé auquel on recourût pour opérer la tradition de la femme à l'époux. Elle n'est qu'une cérémonie dont on pouvait se dispenser, mais que souvent on pratiquait, soit pour son appareil de fête, soit pour des raisons plus sérieuses. Une foule de textes affirment que toute la différence entre la concubine et l'*uxor* réside dans la considération moins grande dont la première est l'objet de la part de son conjoint (fragm. 4, *De concub.*, Dig.). « Concubina ab uxore solo dilectu « separatur. » (Paul, *Sent.*, liv. II, tit. XX.)

Cela étant, on comprend que, dans des circonstances où quelque doute eût pu s'élever sur les sentiments de l'homme envers la femme qu'il allait prendre pour compagne, des personnes, tenant à ce que leur fille ne fût pas considérée comme une concubine, durent exiger l'accomplissement de certains actes qui, ne pouvant se produire qu'à l'occasion d'un *justum matrimonium*, attesteraient la qualité d'*uxor* conférée à leur fille. Une constitution de dot, n'ayant jamais lieu à propos du concubinat, aurait témoigné que la femme n'était pas une concubine, mais une *uxor*. Aussi, dans Plaute, un frère se révolte-t-il à la pensée que sa sœur pourrait se marier sans dot (*Trinum.*, act. III, sc. II, v. 659 et suiv.) :

Meam vis sororem tibi dem ; suades sine dote : hoc non convenit.
. . . .
Nolo ego mihi te tam prospicere, qui meam egestatem leves,
Sed ut inops infamis ne sim ; ne mihi hanc famam differant,
Me germanam meam sororem in concubinatum tibi,
Sic sine dote dedisse, magis quam in matrimonium.

Cette constitution de dot était généralement relatée, avec beaucoup de soin, dans un *instrumentum dotale*, acte analogue à celui qu'on dresse aujourd'hui pour constater les conventions matrimoniales. La rédaction d'un *instrumentum dotale* aurait suffi pour établir l'existence d'un *matrimonium justum*.

La *ductio domum* dut aussi être souvent requise par la femme ou ses parents, qui ne se souciaient pas de laisser planer un doute sur la nature de l'union à laquelle ils consentaient. Les augures consultés, les sacrifices offerts, la jeune femme, arrachée des bras de sa mère en larmes, était couronnée de fleurs et cachée sous de longs voiles, couleur rouge-orange, légers comme les nues et semblables à ceux portés par les femmes des flamines. Ainsi parée, l'épouse, soutenue de chaque côté par deux jeunes gens revêtus de la robe prétexte, s'avançait vers la maison conjugale au milieu d'un nombreux cortége. En tête marchait un jeune homme, lui aussi *pretextatus ;* il portait à la main une torche enflammée, car la *ductio* avait toujours lieu le soir. Des troupes de jeunes garçons et de jeunes filles alternaient leurs chants, puis répétaient en chœur :

Io hymen hymenæe io,
Io hymen hymenæe !

A l'approche du cortége, la maison conjugale s'ouvrait, et on voyait, dans l'attitude du plus profond respect, les esclaves attendant celle qui, désormais, allait leur commander en souveraine. Arrivée à la porte de sa nouvelle demeure, la jeune femme oignait d'huile cette porte, l'ornait de bandelettes, et s'abandonnait ensuite aux matrones pour être processionnellement conduite à la chambre et à la couche nuptiales.

Jamais rien de pareil n'avait lieu pour la concubine. La *ductio domum* constatait donc la qualité d'*uxor,* accordée par le mari à la femme. Des cérémonies religieuses, exclusivement applicables au *matrimonium,* telles que la *confarreatio,* l'*aquæ et ignis acceptio*, etc., auraient également prouvé que la femme n'était pas une concubine. Mais tout cela ne fait pas que le mariage ne soit en lui-même un acte purement consensuel et indépendant de toutes les cérémonies accessoires que la vanité, la prudence ou un sentiment religieux pouvaient suggérer. Le consentement, il est vrai, pouvait souvent, dans ces circonstances, être subordonné à l'accomplissement d'actes convenus ; mais, encore une fois, aucun d'eux n'était essentiel à la formation du mariage.

Ces préliminaires me rendront facile la réfutation des principaux arguments produits en faveur de l'opinion que je crois devoir rejeter. Prenons le fragment 5, *De ritu nuptiarum;* nous y voyons que la femme peut être conduite chez son mari absent. Assurément ! la *ductio* peut avoir lieu avec tout l'éclat, toute la pompe imaginable, sans que le mari soit là pour recevoir sa femme. La *ductio* opérée, même en l'absence du mari, n'en déterminera pas moins le rang que la femme vient tenir dans sa nouvelle demeure. En sens inverse, la *ductio* ne pourrait pas avoir lieu si la femme n'était pas présente : on ne peut conduire un absent chez quelqu'un.

Le fragment 6, au même titre, n'est pas plus concluant que le fragment 5. Si une femme a été reçue dans la maison de son mari absent et si celui-ci vient à mourir avant qu'il y ait eu rapprochement entre eux, la femme n'en devra pas moins pleurer son mari, car le mariage a réellement eu lieu ; et, en effet, la femme *ducta* est nécessairement une femme mariée, puisqu'il n'y a pas de *ductio* sans *matrimonium justum*. Ce texte ne dit pas que la femme n'eût pas eu à porter le deuil de son mari, s'il n'y avait pas de *ductio domum;* il dit qu'elle devra certainement le porter, la *ductio domum* ayant eu lieu. Ces deux textes ne prouvent donc nullement que le mariage résulte de la *ductio domum*.

L'argument que l'on tire du premier paragraphe du fragment 66 (*De donationibus inter virum et uxorem*) va tomber comme les précédents. Il s'agit évidemment, dans ce paragraphe, d'un mariage qu'on avait subordonné à l'accomplissement de certaines formalités. La jeune fille se trouve déjà dans la propriété de son futur époux, elle habite un appartement séparé. Avant l'accomplissement de certaines cérémonies convenues, elle reçoit un présent de celui dont elle doit être la femme. La donation est déclarée valable ; car, conformément aux principes, le donateur et le donataire ne sont point encore époux. Si jamais argument fut risqué, c'est bien celui que les partisans de la *ductio domum* tirent de ce paragraphe, car il est réfuté d'avance par le principium même du fragment. « Seïa, voit-on dans ce principium, devait épouser tel jour Sempronius. Avant qu'elle ne fût conduite à la maison conjugale, et avant que les *tabulæ dotis* ne fussent signées, elle fait un présent à Sempronius. » Scævola se demande si la donation sera valable, et il répond : « Non attinuisse tempus, an, antequam domum deduceretur, donatio facta esset, aut tabularum consignatarum, quæ plerumque et post contractum matrimonium fierint, in quærendo exprimi : itaque nisi ante matrimonium contractum, quod consensu intellegitur, donatio facta esset, non valere. »

Quoi de plus explicite? Il n'y a à s'occuper ni de *ductio*, ni d'*instrumentum dotale*, car le mariage est le résultat du consentement.

Il suffit de lire jusqu'au bout le fragment 15 du titre *De conditionibus et demonstrationibus*, pour y trouver la réfutation des arguments qu'on en tire. Il se termine par cette phrase, présentée en manière d'axiome : « Nuptias enim non concubitus, sed consensus facit. »

Enfin le fragment de Modestin peut se ramener à cette grande vérité : consentir à contracter mariage, ce n'est pas avoir contracté mariage.

D'éminents jurisconsultes, qui ne font pas de la *ductio domum* une condition absolue du *matrimonium justum*, pensent que la femme doit, au moins, avoir été mise, d'une manière quelconque, à la disposition du mari, s'être trouvée, n'importe comment, en la possession de ce dernier.

La plupart des textes que je viens de réfuter sont invoqués dans ce système. On ajoute en sa faveur que le concubinat ne résulte pas du seul consentement, qu'il n'existe que lorsque l'homme a eu la concubine en sa possession; on prend note du principe que le *matrimonium* ne diffère du concubinat que par l'*affectus*, et l'on conclut que le *matrimonium*, comme le concubinat, exige, pour sa formation, autre chose que le consentement.

Le syllogisme est en forme; il serait irréfutable, si la majeure était prouvée; seulement il reste à démontrer que le concubinat ne peut pas résulter du simple consentement. Quant à moi, je le conçois parfaitement, ainsi que les justes noces, comme une relation purement consensuelle. Un patron fait savoir à son affranchie qu'il la veut prendre pour concubine; elle accède à ce désir : pour nous dès lors existe le concubinat, comme existerait un *matrimonium*, dès que deux personnes auraient consenti, même par correspondance, à être unies en mariage.

Mais le principal argument à l'appui du système d'après lequel la femme doit avoir été mise à la disposition du mari, se tire d'un fragment d'Ulpien et d'un fragment de Marcien (les fragm. 9 et 25 du titre *De capt. et postl.*) insérés au Digeste. Ces fragments supposent qu'un citoyen romain a été fait prisonnier avec sa femme. Ils continuent de vivre ensemble, ils ont même des enfants en captivité. Plus tard, toute cette famille étant revenue dans l'empire, le père, aux termes des rescrits de Sévère et d'Antonin, aura, sur les enfants nés en captivité, la puissance paternelle. Pourquoi ? Parce que, dit-on, le mari, dans l'espèce, n'a pas cessé d'avoir la femme à sa disposition, ce qui a permis au mariage de persister. La possession de la femme par le mari, c'est là le fait constitutif du mariage : et cela est si vrai, que la femme d'un captif, quand elle reste à Rome, cesse d'être mariée, malgré l'expression la plus positive de sa volonté contraire. « Captivi uxor, dit Tryphoninus, tametsi maxime velit, et in domo ejus sit, non tamen in matrimonio esset. » (Fragm. 12, § 4, *De capt. et postl.*, Dig.) Si le consentement des époux ne peut maintenir le mariage en cas de captivité, comment soutenir que le seul consentement suffise pour former le mariage? Il n'y a donc pas mariage, quand la femme n'est pas à la disposition du mari.

Je n'admets pas du tout ce raisonnement. Voici, selon moi, ce qui s'est en réalité passé : Le mari et la femme, d'après les fragments d'Ulpien et de Marcien, sont devenus esclaves, seulement ils n'ont pas été séparés, et ont persisté dans leur ancienne affection l'un pour l'autre. Or, le mariage proprement dit, c'est-à-dire la *maris ac feminæ conjunctio,* est du *jus naturale :* il constitue une relation parfaitement régulière et valable, même entre esclaves. Dans ce dernier cas, le droit civil l'appelait *contubernium*, et il lui reconnaissait les effets qui naissent du droit naturel. Ce *contubernium*, ce fait, que la fiction du *postliminium* serait impuissante à produire car elle n'agit que sur les abstractions et les droits, a réellement eu lieu. Au bout d'un certain temps, quand le captif et sa famille reviendront sur le territoire de l'empire, alors on leur appliquera le bénéfice du *postliminium,* les deux époux seront réputés n'avoir jamais été esclaves, ils seront considérés comme n'ayant jamais cessé d'être citoyens romains, ils auront toujours été réellement en *matrimonium*, et, par l'effet de la fiction en *matrimonium justum*, leurs enfants auront qualité de *justi liberi* et seront censés s'être toujours trouvés sous la puissance de leur père.

Le fragment de Tryphoninus ne vient pas à l'encontre de ce que j'avance. Lorsque la femme du captif est restée à Rome, le mariage n'existe plus : le droit civil, qui reconnaît le *contubernium* entre esclaves, n'admet aucune union entre un esclave et une femme libre ; et si plus tard le captif revient, le *postliminium* ne fera pas considérer comme ayant toujours existé le mariage qui a été rompu. Les deux anciens époux pourront se remarier de nouveau, mais leur précédente union aura été irrévocablement dissoute. Est-ce parce que le consentement est insuffisant pour maintenir le *matrimonium* et conséquemment pour le former ? Point du tout ! C'est uniquement parce que la volonté la plus manifeste d'une femme libre, d'être en *contubernium,* est méconnue et réprimée par le droit civil (loi unique, *De mulier. quæ se,* Cod.). Je persiste donc à croire que les *justæ nuptiæ* résultent du seul consentement. Comment, du reste, en douter en face de l'affirmation des empereurs Théodose, Valentinien et Justinien, et des jurisconsultes Ulpien et Scævola? (L. 8, pr. et L. 11, pr. *De rep. et jud.*, Cod.; nov. 22, ch. III et 74, ch. IV ; fragm. 30, *De reg. jur.;* 15, *De cond. et demonst.;* 32, § 13 et 66, pr., *De don. int.*, Dig.)

Enfin, observation qui, je crois, n'a jamais été faite : les relations formées *re* ne se dissolvent point par le consentement ; donc si le *matrimonium justum* était une de ces relations, il ne suffirait pas pour la rompre que l'un ou l'autre des deux époux manifestât d'une manière quelconque sa volonté de divorcer ; nous savons cependant que le simple dissentiment de l'un d'eux suffisait pour mettre fin à l'union qui lui devenait insupportable. La loi Julia *De adulteriis* exigea, il est vrai, la présence de plusieurs témoins ; mais ce n'était là qu'une constatation de la volonté que les époux avaient de divorcer, et non une contre-partie soit de la *ductio domum,* soit d'une tradition quelconque de la femme. Si l'existence des *justæ nuptiæ* avait dépendu de la *ductio domum*, ou de la mise de la femme à la disposition du mari, le droit romain n'aurait pas manqué de subordonner leur dissolution à l'accomplissement de quelques cérémonies ou de quelques faits analogues, mais inverses ; si le mariage n'était pas consensuel, il ne se dissoudrait point, par exemple, comme le contrat de société auquel met fin le *dissensus* d'un des associés. *Dissensus, discidium!*

Tout ce que je viens de dire s'applique évidemment au concubinat, puisque *concubina ab uxore solo dilectu separatur*. Ma dernière remarque offre surtout de l'intérêt, en ce qui concerne le concubinat, qui a toujours cessé, au dire de tous les auteurs, à la volonté de l'une des parties. Affirmons donc, avec Connan, que le concubinat se forme comme il se dissout, *solo consensu* (Conn., liv. VIII, ch. XIII).

Il était loisible à tout citoyen de prendre une concubine. Mais les Romains étaient un peuple essentiellement monogame; il n'avait pas été admis chez eux qu'on pût avoir en même temps une concubine et une épouse. Cela résulte très-clairement d'une constitution (la loi unique *De concubinis*) insérée au code de Justinien, et attribuée à l'empereur Constantin. Certains auteurs se sont demandé si, dans les temps anciens, il était également défendu aux hommes qui avaient déjà une *uxor*, de prendre une concubine. Ils n'avaient, sans doute, pas pris garde à la constitution de Justinien, où l'on voit que « hominibus uxores habentibus, concubinas habere nec antiqua jura concedunt. » (Loi 3, *Comm. de manum.*, Cod.)

De même qu'il était interdit d'avoir en même temps une *uxor* et une concubine, de même (et c'est encore une nouvelle preuve de la similitude qui existe entre le concubinat et le *matrimonium*), il était interdit d'avoir simultanément deux concubines (Nov. 18, ch. V et nov. 89, ch. XII, § 5). Cujas déclare que le fait d'avoir une concubine et une épouse, ou bien deux concubines, constituerait une espèce de πάρεργον ἐρωτικόν ἐπιδήμιον (Cuj., tit. XXVI, liv. V, Cod., *De concub.*).

S'il est défendu à un homme d'avoir plusieurs femmes, il était aussi interdit à une femme de s'unir à plusieurs hommes : les Romains ne pratiquaient pas plus la polyandrie que la polygamie.

Toute femme à Rome, aurait-elle pu devenir la concubine d'un citoyen? En principe et provisoirement, je répondrai oui, sauf à examiner plus tard certains points discutés.

Mais, avant tout, Monsieur, j'ai à voir quelles sont les conditions requises pour l'existence et la validité du concubinat. Elles devaient être les mêmes que pour le *matrimonium justum*, car le concubinat ne diffère du *matrimonium justum* que *solo dilectu*. Je pense que les règles de la seconde de ces unions doivent s'appliquer à la première, toutes les fois qu'elles ne seront en contradiction, ni avec la nature de cette union, ni avec une disposition législative spéciale au concubinat.

Une de ces conditions est la puberté (fragm. 1, § 4. *De concub.* Dig.). Il faut que l'homme et la femme soient capables d'engendrer, puisque la procréation des enfants a été l'objet principal que le législateur avait en vue en consacrant le concubinat. Autrefois la puberté se déterminait *habitu corporis;* on en vint à trouver que cette vérification était peu convenable, surtout pour les femmes, et l'on décida qu'à douze ans elles seraient réputées pubères. Longtemps encore, quant aux hommes, on continua de ne les considérer comme pubères que lorsqu'un examen corporel avait prouvé leurs facultés génératrices, et ce ne fut guère que sous Justinien qu'on fixa l'âge de quatorze ans comme étant, pour eux, l'âge de la puberté. Je suis néanmoins disposé à croire que cette fixation d'âge n'était qu'une limite apportée à l'impuberté. Il n'était probablement pas défendu aux personnes qui avaient atteint leur complet développement avant l'époque fixée de contracter une union légale; seulement celles qui avaient atteint l'âge de douze ou de quatorze ans, sans qu'aucun signe de puberté se fût encore manifesté, n'en étaient pas moins considérées par la loi comme se trouvant dans les conditions voulues.

Le concubinat, comme le mariage, étant consensuel, exigeait, comme lui, le consentement des deux personnes qui allaient s'unir. Mais fallait-il aussi, comme pour le mariage, le consentement de l'ascendant sous la puissance duquel l'homme ou la femme pouvait se trouver? Évidemment oui! On ne peut cependant donner ici la même raison que quand il s'agit des *justæ nuptiæ*, puisque les petits-enfants issus du concubinat ne se trouveront jamais sous la puissance de leur aïeul. Mais ce qui ne permet pas de douter, c'est que l'aïeul qui a ses enfants sous sa puissance pouvait faire cesser leur concubinat à sa volonté, comme il pouvait faire cesser leur mariage. Cela est certain. On ne pourrait même pas appliquer au concubinat la restriction qu'Antonin le Pieux apporta au pouvoir du père (Paul, *Sentent.*, liv. V, tit VI, § 15) quand il s'agissait d'envoyer le *repudium* malgré les époux, car il serait difficile de dire que le concubinat était une union bien concordante. Si donc le père pouvait dissoudre le concubinat, c'est qu'il pouvait l'empêcher de se former. De plus, il est inadmissible que le consentement du père soit requis pour contracter une union fort honorée, une union qui donne à la femme un titre enviable, tandis qu'il ne le serait pas lorsqu'il s'agirait de contracter une union d'un ordre inférieur, capable de diminuer plutôt que d'augmenter la considération des personnes qui la forment. Il devait importer beaucoup à une famille qu'une femme estimable, et qui lui appartenait, ne devînt pas concubine : ce titre n'avait rien de flatteur. Enfin l'importance que les Romains attachaient à la *patria potestas* suffirait à dissiper toute incertitude à ce sujet.

Quand il s'agissait, pour un fils soumis à la puissance paternelle, de contracter un *matrimoninm justum,* il lui fallait le consentement de l'ascendant supérieur, c'est-à-dire du chef de la famille, et, de plus, celui de son père et de tous les ascendants intermédiaires sous la puissance desquels il pouvait plus tard se trouver. La raison en est que les enfants, provenus du mariage, pourront, au décès du chef de famille, se trouver sous la puissance ou de leur père ou de quelque autre ascendant, qui, au moment du mariage, n'avait pas la *patria potestas;* or, personne ne doit avoir, malgré soi, un enfant sous sa puissance, *ne invito heres suus adgnascatur.*

La fille n'avait besoin que du consentement du *paterfamilias,* parce que jamais les enfants qu'elle peut avoir ne se trouvent sous la puissance d'aucun de ses ascendants (fragm. 16, § 1, *De rit. nupt.,* Dig.).

Comme les enfants nés du concubinat ne sont jamais soumis à la *patria potestas,* il suffisait à la personne, fils ou fille de famille, qui voulait contracter cette union, d'obtenir le consentement de l'ascendant supérieur. Celui-ci était un assez bon juge des convenances, et du moment que la question de convenance est seule en jeu, on peut s'en rapporter à lui.

Le consentement des ascendants doit précéder le concubinat, et cette union, si en fait elle a eu lieu auparavant, n'existera légalement qu'à partir du consentement obtenu : les enfants nés précédemment seront *spurii* (fragm. 11, *De stat. hom.*, Dig.). Il est plus que probable que lorsque le chef de famille refusait de consentir au concubinat, le magistrat ne devait pas pouvoir intervenir comme s'il se fût agi d'un *matrimonium justum :* le *paterfamilias* avait toujours raison de ne pas vouloir que sa fille devînt concubine de quelqu'un ; on ne pouvait le soupçonner de bizarrerie ou d'entêtement.

Si l'ascendant supérieur, l'aïeul par exemple, était fou, le consentement du père aurait-il suffi? Nous le pensons. Il est vrai qu'en revenant à la raison, l'ascendant pouvait quelquefois être très-offensé de trouver sa petite-fille en concubinat. Néanmoins, comme il y avait beaucoup de femmes pour qui ce genre d'union ne devait pas être une flétrissure, et comme il importait au législateur qu'il s'établît des relations prolifiques et régulières, il est permis de penser que si l'ascendant supérieur n'avait pas sa raison, le consentement de l'ascendant immédiatement inférieur aurait suffi. Si le père seul existait, et s'il était captif ou absent, je croirais volontiers que, conformément à ce qui avait été admis pour le mariage, le fils ou la fille pouvaient, après trois ans d'attente, se passer du consentement paternel (fragm. 9 et 10, *De rit. nupt.*, Dig.). Le concubinat n'est pas un *matrimonium justum*, mais il est une union légitime à laquelle, par conséquent, s'applique le fragment de Paul.

L'homme pubère et *sui juris* avait le droit de prendre une concubine sans s'inquiéter du consentement de qui que ce fût (fragm. 25, *De rit. nupt.*, Dig.).

A partir de Constantin, le concubinat cesse d'être une union que la loi protége; il n'est pas encore illicite, mais il n'est plus légitime. Il n'avait pas continué d'être ce qu'il était autrefois, sans cela on eût pu se demander si la fille *sui juris* devait, tant qu'elle n'avait pas atteint sa vingt-cinquième année, consulter sa mère et ses proches, et déférer à leur sentiment, comme elle le doit, d'après une constitution d'Honorius et de Théodose (loi 20, *De nupt.*, Cod.), quand il s'agit pour elle de *justæ nuptiæ;* et nous aurions répondu affirmativement. Les précautions prises sont dans l'intérêt de la fille : on voulait la préserver des conséquences fâcheuses d'un mariage fait à la légère. Quand il s'agissait de devenir la concubine de quelqu'un, de perdre peut-être en considération et en dignité, il lui aurait été plus utile encore de prendre l'avis des personnes qui lui sont le plus sincèrement attachées, et qui, partant, seraient ses conseillers les plus sûrs.

Il y avait au *matrimonium justum* des empêchements fondés sur des considérations d'intérêt privé, sur des considérations de morale et sur des considérations d'ordre public.

Les premiers étaient sans doute communs au *matrimonium* et au concubinat. Voyez, en effet : celui qui avait été tuteur d'une femme ne pouvait la prendre comme *uxor* avant qu'elle eût atteint vingt-six ans (fragm. 59 et 66, *De rit. nupt.*, Dig.). Pourquoi? Parce que l'on redoutait son influence : on craignait qu'il ne l'employât d'abord à se faire accepter comme époux, puis à empêcher sa femme de protester contre des comptes de tutelle déloyaux. Cette influence était bien plus à craindre encore lorsqu'il se serait agi d'un concubinat, puisqu'elle aurait été employée à faire accepter à la femme une condition inférieure. La jeune fille que son tuteur aurait assez dominée pour l'amener à être sa concubine, n'aurait jamais osé attaquer les comptes de tutelle.

Cette prohibition ne concernait pas que le tuteur; elle embrassait aussi le curateur et les descendants de l'un ou de l'autre. Elle était temporaire et commençait pour le tuteur à la puberté de sa pupille et, pour le curateur, au moment où il entrait en fonctions. D'après le droit des Pandectes, elle durait jusqu'au moment où la femme ne pouvait plus obtenir l'*in integrum restitutio*. Tous les tuteurs et curateurs étaient compris dans cette prohibition, le curateur au ventre comme les autres. Si un homme n'est pas tuteur, dans le sens juridique du mot, mais qu'il soit pourtant responsable de la tutelle, il lui est néanmoins interdit d'épouser ou de prendre pour concubine celle qui eût été sa pupille. C'est le cas, par exemple, de celui qui, en alléguant de fausses excuses, se serait exempté de la tutelle. Mais la règle ne s'applique qu'à la personne responsable des faits de tutelle comme principal obligé; elle ne s'appliquerait donc pas aux cautions du tuteur.

Les fragments 64, 66 et 67 du titre *De ritu nuptiarum* au Digeste nous apprennent que la prohibition avait été étendue à tous les héritiers du tuteur ou du curateur, au père de celui qui a eu la tutelle ou la curatelle, enfin à l'affranchi du curateur, et, quoique le texte garde le silence relativement à l'affranchi du tuteur, nous ajoutons, sans hésiter, cet affranchi à celui du curateur.

Il était admis que la prohibition ne s'appliquait pas lorsque le père avait, de son vivant, ou par disposition testamentaire, destiné sa fille au tuteur, au curateur ou à un descendant de l'un ou de l'autre.

Les seconds empêchements au *matrimonium justum* s'appliquaient aussi au concubinat; Ulpien et Papinien nous ont renseignés à cet égard (fragm. 11, § 1, *Ad leg. Jul. de adult.*, et 56. *De rit. nupt.*, Dig.). On peut diviser ces empêchements en trois catégories : les uns fondés sur la parenté, les autres sur l'alliance, et d'autres, enfin, sur des considérations de pure morale.

En ligne directe, c'est-à-dire entre personnes descendant l'une de l'autre, toute union est prohibée, même à l'infini. En ligne collatérale, l'empêchement existe aussi à l'infini entre personnes dont l'une n'est pas à plus d'un degré de l'auteur commun, parce que cette personne est alors *loco parentis*. Cependant un sénatus-consulte, porté en l'an 802 de Rome, avait autorisé le mariage de l'oncle avec la fille de son frère. Claude, pour épouser Agrippine, fille de son frère Germanicus, avait eu besoin de faire disparaître une cause d'inceste qui avait existé jusqu'à lui, et la cause d'inceste disparut. Mais le sénatus-consulte qui fut rendu selon le vœu de l'empereur, doit-il être étendu au concubinat? Nous ne le pensons point. Les Romains, qui, même dans le cas de *justæ nuptiæ*, n'étendaient pas au grand-oncle paternel, et restreignaient à la fille du frère la décision du Sénat, attendu que le sénatus-consulte ne parlait que de ces deux personnes, les Romains, dont les procédés d'interprétation juridique sont toujours restrictifs, ne pouvaient étendre au concubinat une disposition peu morale, et contraire aux idées reçues. Quoi que l'on puisse penser à cet égard, il est bien certain qu'à partir de Constantin, la question que nous tranchons ne se serait plus élevée (loi 1, *De incest. nupt.*, Cod. Théod.), car ce prince avait abrogé le sénatus-consulte de l'an 802, et frappé le concubinat dans sa légalité.

Il est clair que si les personnes qui se proposaient de s'unir n'étaient toutes deux qu'à un degré de l'auteur commun, le mariage et le concubinat étaient plus impossibles encore que si l'une d'elles seulement avait occupé le premier degré.

Mais pourvu que les deux personnes fussent toutes deux à plus d'un degré de l'auteur commun, il n'y avait plus d'empêchement au *matrimonium justum*, ni, par suite, au concubinat.

Toutefois, les *justæ nuptiæ* entre cousins germains, incontestablement permises autrefois (fragm. 3, *De rit. nupt.*, Dig. et loi 2. *De instit. et subst.* Cod.), furent défendues par Théodose le Grand. A partir de cet empereur, jusqu'à Justinien, qui les autorisa de nouveau, elles eussent constitué un inceste. Pendant la même période, le concubinat entre cousins germains dut être impossible. L'inceste, en effet, ne dépend pas de la nature de l'union contractée, mais uniquement du degré de parenté des personnes qui s'unissent. Que cette parenté résultât d'une union légitime ou de rapprochements furtifs et passagers, peu importait : on en tenait toujours compte pour l'inceste, même quand elle n'était que servile (Inst. de Just., liv. I, tit. x, § 10, et *Fr*. 14, §§ 2 et 3, *De rit. nupt.*, Dig.).

Celle que crée l'adoption n'était qu'en ligne directe un empêchement définitif au mariage et au concubinat. En ligne collatérale, cet empêchement ne survivait pas à la rupture du lien civil. Aussi le frère eût-il pu, après son émancipation, prendre comme épouse, ou comme concubine, celle qui avait été sa sœur adoptive.

L'affinité ou alliance était aussi un empêchement au concubinat comme au mariage : les mêmes raisons de morale demandaient qu'on appliquât à l'un et à l'autre les mêmes prohibitions. Pas le moindre dissentiment à cet égard parmi les jurisconsultes ; tous sont d'accord pour défendre à un homme de s'unir soit à la mère de sa femme, soit à la fille que celle-ci aurait eue d'un précédent mariage.

Dans l'ancien droit, l'union du beau-frère et de la belle-sœur n'était pas interdite ; elle ne le fut que par Constantin et Constance (loi 2, *De incest. nupt.*, Cod. Théod.). Arcadius, Théodose et Valentinien renouvelèrent cette interdiction, probablement parce qu'elle n'avait pas été observée (loi 5, *De incest et inut.*, Cod.). Quoique, sous les empereurs chrétiens, le concubinat ne fût plus ce qu'il était autrefois, je n'hésite pas à lui appliquer toutes les dispositions restrictives dont je viens de parler. Plus cette institution perdait faveur, plus on devait en limiter et en gêner l'application.

On s'était demandé si le concubinat était une cause d'affinité. Ulpien soutenait l'affirmative (fragm. 4, § 3, *De concub.*, Dig.), et son avis prévalut, puisque l'empereur Alexandre Sévère, par une constitution, défendit aux enfants de prendre pour compagnes les concubines de leurs ascendants (loi 4, *De nupt.*, Cod.).

Enfin, des considérations de simple décence avaient fait prohiber le mariage ou le concubinat entre des personnes qui ne sont ni parentes ni alliées. Ainsi l'homme qui avait été en état de concubinat ou de mariage avec une femme ne pouvait, après l'avoir quittée, s'unir à la fille que cette femme aurait eue d'une seconde union. Mais, en revanche, si un homme et une femme, ayant l'un un fils et l'autre une fille d'un premier lit, venaient à se marier, l'union du fils de l'un avec la fille de l'autre n'était pas interdite, quand même il était né du second mariage de leurs parents respectifs un enfant qui se trouvait être le frère de chacun d'eux.

La troisième catégorie d'empêchements au mariage ne concernait point le concubinat. Un intérêt tout politique avait fait interdire aux fonctionnaires d'épouser une femme domiciliée ou née dans la province où ils exerçaient leurs fonctions. On craignait que, par leur mariage, ils ne se procurassent une influence dont la métropole pourrait un jour avoir à souffrir, et aussi qu'ils n'abusassent de leur autorité pour contraindre de riches familles à s'allier à eux. Rien de pareil n'était à craindre s'il ne s'agissait que d'un concubinat. La concubine n'avait point de dot ; elle appartenait d'ordinaire à des gens de médiocre condition, sans influence dans le pays ; et si par hasard elle eût appartenu à une famille considérable, ses parents, peu flattés de l'attention du fonctionnaire, n'auraient pas été pour lui de très-chauds partisans. C'est pourquoi un fragment du titre *De concubinis*, au Digeste, le fragment 5, accorde formellement aux fonctionnaires d'une province le droit d'y prendre une concubine.

Il était d'ordre public qu'un sénateur n'épousât point une affranchie, qu'un ingénu ne conférât pas le titre d'*uxor* à une prostituée. Ces empêchements, fondés sur l'inégalité de condition, ne s'étendaient pas au concubinat, qui avait précisément été régularisé par Auguste pour que les citoyens, entraînés par leurs affections vers des femmes que la loi ne leur permettait pas d'épouser, ne fussent plus dans la nécessité, ou de sacrifier leur devoir à leurs sentiments, ou leurs sentiments à leur devoir.

En règle générale, on peut dire qu'il était permis de prendre comme concubines toutes les femmes que la loi Julia et Papia défendait d'épouser. C'est ainsi qu'un sénateur pouvait avoir pour concubine une affranchie, une femme dont les parents s'étaient montrés sur la scène, une prostituée. Un ingénu pouvait s'unir en concubinat à une *lena*, à l'affranchie d'un *leno* ou d'une *lena*, à une femme qui avait été surprise en adultère (fragm. 1, § 2, *De concub.*, Dig.) ou condamnée par un jugement public, à une comédienne ou à toute autre fille dont on n'eût pu faire une *uxor* à cause de l'humilité ou de la honte de sa condition.

Il ne faudrait pas croire cependant qu'il fût impossible de prendre pour concubine une femme d'une position égale ou même supérieure à la sienne. Il suffisait d'une déclaration formelle à cet égard pour que le fait eût lieu; seulement ce n'était point là la présomption. Marcien nous dit, en effet, qu'on peut bien avoir en concubinat une ingénue, voire une femme illustre; mais il fallait qu'elle se fût prostituée ou, si elle était honnête, qu'elle eût formellement attesté son intention de se soumettre à une union aussi peu honorée (fragm. 3, pr., *De concub.*, Dig.). A défaut de ces circonstances, on supposait qu'il y avait mariage (fragm. 24, *De rit nupt.*, Dig.), et, au besoin, les Romains aimaient mieux croire à un *stuprum* qu'à un concubinat entre une femme de race et un homme de condition inférieure. Cela n'est peut-être pas très-moral, mais cela n'est pourtant pas si éloigné qu'on voudrait le croire de nos idées modernes. La patricienne qui satisfaisait une fantaisie, qui cédait à un caprice, qui s'abandonnait accidentellement au beau plébéien qu'elle avait rencontré, ne se subordonnait pas comme celle qui se serait faite sa concubine. La grande dame qui, de nos jours, satisfait en cachette son goût pour un homme de basse extraction est, il faut le dire, moins méprisée (à tort, nous le déclarons), que celle qui se fait la compagne de sa vie, ou, pour parler le langage dont le monde, en semblable cas, ne manque pas de se servir : celle qui s'acoquine à un pareil drôle.

Un sénateur ne pouvait épouser une affranchie et pouvait la prendre pour concubine : en l'ayant comme telle, il ne s'avilissait pas. La fille d'un sénateur, qui ne pouvait épouser un *libertinus*, eût-elle pu s'unir à lui en concubinat? Oui, certainement, si elle avait appartenu au cirque ou à l'embolum : alors, ainsi que le dit Paul, *Nec honos ei servatur, quæ se in tantum fœdus deduxit* (fragm. 47, *De rit. nupt.*, Dig.); mais si elle était restée honnête, une *testatio* eût-elle suffi pour elle comme elle eût suffi pour toute autre ingénue? Je le crois fermement. Marcien, dans le texte auquel je me suis reporté tout à l'heure, ne fait aucune distinction : il se contente de dire qu'une *testatio* était nécessaire pour qu'une ingénue *honestæ vitæ* pût être prise en concubinat. Il serait trop fort d'exiger qu'une femme de la caste sénatoriale commençât par se prostituer avant de pouvoir devenir la concubine de l'affranchi avec lequel elle est décidée à déroger. D'ailleurs, par la *testatio* qu'elle doit faire, elle s'avilit suffisamment et s'exclut avec assez d'éclat de la classe exceptée.

Ulpien dit quelque part qu'on ne pouvait, *sine metu criminis*, prendre pour concubines que les femmes *in quas stuprum non committitur* (fragm. 1, § 1, *De concub.*, Dig.). Rapproché de textes que nous verrons plus loin, le fragment de ce jurisconsulte serait en complet désaccord avec celui de Marcien, et signifierait qu'on ne peut avoir pour concubines que des femmes de mauvaise vie, puisque ce sont les seules qui échappent au *stuprum*. Mais il ne peut pas être entendu de la sorte. Ulpien lui-même s'est prémuni contre une pareille interprétation de sa pensée, car il approuve, il admire le concubinat du patron et de son affranchie. Or, on ne voit pas qu'un patron ne commette pas un *stuprum* quand il a, avec son affranchie honnête, des relations en dehors du *matrimonium justum* ou du concubinat. Dans le texte d'Ulpien, le mot *stuprum* a donc cette acception générale et un peu vague que lui donnent souvent les Romains, de tout rapprochement charnel défendu. Le concubinat, pas plus que les *justæ nuptiæ*, ne peut exister dans des conditions où il y aurait inceste, adultère, immoralité. Voilà ce que le jurisconsulte a voulu faire entendre.

On pouvait prendre comme concubine une femme qui avait été condamnée pour adultère, on n'eût pu la prendre comme épouse. Cette décision ne peut surprendre. Le titre honorable d'*uxor* ne doit pas appartenir à une femme notée d'infamie; celui bien humble de concubine peut lui être accordé. Le concubinat n'est pas ouvert qu'à quelques-unes, il est béant pour toutes.

Le concubinat du patron et de son affranchie était vu de très-bon œil; il était convenable, disait-on, qu'il fît d'elle sa concubine plutôt que son *uxor*. Elle n'était cependant pas obligée de vivre en concubinat avec lui ; il n'eût pu la contraindre à être son épouse (fragm. 28, *De rit. nupt.*, Dig.), il ne pouvait pas davantage la contraindre à être sa concubine. Si, lorsqu'il s'agissait, pour l'affranchie, d'acquérir une position honorable et enviée, on lui laissait toute liberté de détermination, on ne devait raisonnablement pas lui enlever cette liberté et la soumettre malgré elle à une position de beaucoup inférieure à la première. Le concubinat est consensuel, et, par conséquent, point de concubinat sans consentement.

Il y avait une particularité relative au concubinat de l'affranchie et de son patron. Devenue l'épouse du patron, l'affranchie ne pouvait le quitter malgré lui (fragm. 11, pr., *De divort.*, et fragm. 45, pr. *De rit nupt.*, au Dig.). Non qu'elle ne pût rompre une union qui lui pesait, mais si elle envoyait le *repudium* à son patron sans que celui-ci y consentît, elle perdait le *connubium* et n'avait pas la faculté de prendre un autre mari; on était allé plus loin : on lui avait enlevé même le droit d'être la concubine d'un autre homme. A ce propos, Julien est très-explicite. Dans le cas, dit-il, où une femme, affranchie commune de deux patrons, aurait été l'*uxor* de l'un d'eux, elle ne pourrait, après l'avoir quitté malgré lui, devenir la concubine de l'autre. C'est, du moins, ainsi que nous croyons devoir entendre ce passage d'Ulpien : « Julianus quidem amplius putat, nec in concubinatu eam alterius patroni esse posse. »

Un texte de Gaïus confirme cette interprétation On y voit que la plupart des jurisconsultes décidaient, contre Javolenus, que l'affranchie qui quitterait celui de ses patrons qu'elle aurait épousé, ne pourrait pas ensuite devenir la femme de l'autre, *quia libertam ejus esse negari non potest, licet alterius quoque sit liberta* (fragm. 46, *De rit nupt.*, Dig.).

Quand l'affranchie n'avait été que la concubine de son patron et qu'elle le quittait malgré lui, Ulpien pensait, et son avis, consigné au Digeste (fragm. 1, pr. *De concub.*), avait certainement prévalu, quelle devait perdre également le *connubium*, « *quippe cum honestius sit patrono libertam concubinam, quam matremfamilias habere.* » Pour n'avoir été que la concubine de son patron, l'affranchie ne lui doit pas moins déférence et respect, et il ne pouvait lui être permis de froisser dans ses affections l'homme auquel elle devait tout. Mais quand elle n'avait été que sa fiancée, comme il ne s'était pas établi entre eux cette intimité dont la rupture est souvent si douloureuse pour celui qui n'en a point l'initiative, elle pouvait refuser de devenir sa femme, tout en conservant le droit de devenir la femme d'un autre (fragm. 45, § 4, *De rit nupt.*, Dig.). A plus forte raison en était-il de même quand l'affranchie n'avait eu que des relations passagères avec son patron. Elle pouvait le quitter sans inconvénient pour elle.

Si l'affranchie n'avait jamais rien été pour son patron, elle pouvait évidemment devenir l'épouse ou même la concubine de l'homme qui lui plaisait. Le *connubium* n'était donc enlevé à l'affranchie que lorsqu'ayant été l'épouse ou la concubine de son patron, elle l'avait quitté malgré lui. Mais dès qu'on peut s'apercevoir que le patron cesse d'avoir le désir de la conserver comme sa compagne, on peut, dit Ulpien, affirmer que l'affranchie a le *connubium* avec un autre (fragm. 11, § 2, *De divort.*, Dig.).

Les lois défendaient à la femme qui avait perdu son époux de contracter une nouvelle union avant l'expiration du délai fixé pour le deuil. Que la nouvelle union soit un concubinat ou un *matrimonium justum*, la règle est une : Il faut toujours éviter la confusion de part, et même, quand cette confusion n'est pas à craindre, il convient encore que la femme ne donne pas le scandale d'un mariage ou d'un concubinat précipité.

La femme était tenue de *lugere maritum*; la fiancée n'avait pas à porter le deuil de son fiancé; la concubine était-elle tenue de porter celui de l'homme avec lequel elle avait vécu? Une confusion de part est toujours à éviter. Je suis donc convaincu que la concubine ne pouvait contracter une nouvelle union tant que cette confusion serait à craindre, absolument comme dans le cas de divorce. Mais la question de regrets révérentiels me semble écartée. La concubine n'est point, de par la loi, tenue de regretter, en apparence, sinon en réalité, l'homme qui n'a pas jugé à propos de l'élever jusqu'à lui. En conséquence, son veuvage ne devra durer au plus que les six mois fixés par la physiologie assez exacte de la première loi caducaire pour éviter toute confusion de part.

Dans le concubinat, les idées de déférence si nettement accentuées entre époux sont presque insensibles : on peut dire qu'elles n'existent pas. Aussi la concubine qui avait, par exemple, détourné quelque objet appartenant à son conjoint, était-elle brutalement soumise à l'*actio furti*. L'*actio rerum amotarum*, établie en faveur de l'*uxor*, à cause de la considération due au mariage, n'avait pas été inventée pour elle. Il n'y avait à sauvegarder ni la dignité de la femme, ni la dignité de l'union ; et l'*actio furti* était donnée contre la concubine voleuse. De son côté, celle-ci n'avait pas non plus à garder de ménagements avec son conjoint : si celui-ci la volait, elle avait contre lui l'action de vol.

Ces considérations me serviront à résoudre une question très-controversée : La concubine peut-elle être déclarée coupable d'adultère ?

Des interprètes du droit romain, le plus célèbre, Cujas, affirme que la concubine, comme l'*uxor*, se trouve sous le coup de la loi Julia *de adulteriis* ; il se fonde sur ce que *concubina uxorem imitatur*, et il rapporte que, chez les Athéniens, la concubine pouvait être punie comme adultère (Cuj., tit. LVI, liv. VI, Cod., tit. XXVI, liv. V, Cod., et tit. IX, liv. IX, loi 23, Cod.). Tulden, qui adopte cette opinion, dit que le concubinat, image du *matrimonium justum*, doit être, à peu de chose près, régi par les mêmes principes (Tuld., tit. XXVI, liv. V, Cod.). L'avis contraire est soutenu par Connan (liv. VIII, ch. XIII.). Ce jurisconsulte assure que, selon Marcellus, le concubinat se trouvait en dehors des peines infligées par la loi. Il croit pouvoir s'appuyer de l'avis de Marcien et de Marcellus : « Nec adulterium per concubinatum ab ipso committitur : nam quia concubinatus per leges nomen assumpsit, extra legis pœnam est. » (fragm. 3, § 1, *De concub.*, Dig.) Mais ce texte n'a pas le sens qu'il plaît à Connan de lui attribuer ; il signifie certainement que le concubinat ne constitue pas une union défendue, un *stuprum*, « aliquando enim adulterium ponitur pro stupro. » (Calvin, *Lexicon juridicum*, au mot *Adulterium*.)

Une troisième opinion, qui tient le milieu entre les deux autres, est soutenue par Voët (liv. XLVIII, tit. V) et Voorda (*Thes. controv.*, Decas, 16, n° 10). Dans cette opinion, les seules *matresfamilias* pouvaient être accusées d'adultère, et les concubines n'ayant ni le nom, ni la considération, ni l'estime de *mater-*

familias, échappaient à la loi Julia *de adulteriis*. Ils font cependant une exception pour l'affranchie concubine de son patron, parce que, disent Voorda et Voët, celle-ci conserve la qualité de *matrona* (fragm. 41, *De rit. nupt*. Dig., Arg. *a contrario*).

Les deux premières opinions me paraissent inadmissibles. Celle qui assimile la concubine à l'*uxor*, quant aux peines prononcées contre l'adultère, méconnaît le principe d'après lequel on ne doit pas étendre une disposition pénale d'un cas à un autre sans un texte formel; or, aucun texte ne dit que toute concubine sera passible de la loi Julia, et celle qui met toutes les concubines en dehors des peines portées par cette loi a le tort d'être en contradiction avec un texte d'Ulpien (le fragment 13, pr. *ad. leg. Jul. de adult.*, au Dig.). La troisième opinion, qui distingue entre les concubines, et qui punit l'adultère des unes en laissant impuni celui des autres, est la meilleure; aucun texte ne la contredit. Cependant, pour être complétement vraie, elle a besoin d'être un peu modifiée.

Sont passibles, selon moi, des peines de l'adultère, toutes les concubines qui ont gardé leur qualité de matrone; seulement elles ne pourraient être accusées *jure mariti*, la loi Julia n'ayant établi un droit d'accusation spéciale que pour le mari de l'*uxor*. Les concubines qui avaient perdu la considération et le titre de matrone pouvaient commettre un adultère sans encourir les peines de la loi Julia. Pour tout frein, on leur laissait la crainte de se voir abandonner par l'homme qui, souvent, les avait tirées de la boue. Quant à celui-ci, il n'avait, pensait-on, probablement pas dû compter sur leur fidélité. Mais il en était autrement des femmes qui, en se donnant en concubinat, avaient conservé le titre de matrone; celles-là étaient punies, si elles commettaient un adultère; on n'en peut douter, un texte formel déclare qu'elles pourront être accusées *non jure mariti sed jure extranei*. Leur conjoint, comme tout autre, pourra donc porter contre elles l'accusation d'adultère. On comprend très-bien que les Romains aient puni l'adultère d'une femme de la moralité de laquelle la conduite antérieure semblait répondre. Il fallait bien, d'ailleurs, retenir dans le devoir des femmes auxquelles on conservait le titre de matrone et la considération de la *materfamilias*.

Mais quelles étaient ces femmes, *quæ se in concubinatu dando matronæ nomen non amittebant*, ces femmes qui n'étaient pas des *uxores*, et que, cependant, par abus de langage, on a quelquefois appelées *uxores injustæ?* Voorda veut que ce soient les affranchies concubines de leur patron. Je crois que Voorda dit tout à la fois trop et pas assez. Trop, car toutes les affranchies qui seront concubines de leurs patrons n'auront pas nécessairement la dignité de matrone. (Il peut très-bien se faire qu'un homme ait pour concubine son affranchie, et que cette affranchie se soit prostituée, soit pendant son esclavage, soit depuis son affranchissement. Un *leno*, qui s'unirait en concubinat avec son affranchie, n'aurait certainement pas une matrone pour compagne.) Pas assez, car il n'y avait sans doute pas que les affranchies concubines de leurs patrons qui gardassent cette qualité de matrone. (Les ingénues de naissance obscure, qui ne s'étaient point livrées à la prostitution, qui jamais n'avaient rien fait de honteux, ne devaient pas déchoir, ne devaient pas perdre la qualité de *materfamilias* quand elles devenaient concubines d'hommes placés dans une position sociale supérieure à la leur.)

Ce qui prouverait mon assertion, c'est qu'Ulpien ne mentionne qu'à titre d'exemple l'affranchie concubine de son patron : « Utputa quæ patroni concubina fuit. » En un mot, toute concubine à laquelle pourrait s'appliquer la dénomination d'*honesta* pouvait être poursuivie comme adultère, *jure tamen extranei*.

De ce que ce n'est pas *jure mariti*, mais seulement *jure extranei*, que la concubine peut être accusée d'adultère par l'homme avec lequel elle vit, il me semble résulter que cet homme n'aurait pas le bénéfice des circonstances atténuantes accordées au mari, *qui deprehensam uxorem cum adultero occidit*. Ce n'est pas de lui que Paul a dit : « lenius puniri placuit. » (*Sent.*, liv. II, tit. XXVI, § 5) .N'ayant pas élevé jusqu'à lui sa compagne, il ne devait pas être aussi profondément blessé qu'eût pu l'être un mari ; son emportement n'avait pas, comme celui de ce dernier, son explication et son excuse dans une légitime douleur. Mais, d'un autre côté, il a sur le mari un avantage considérable : celui de ne pouvoir être accusé de *lenocinium*, si, ayant surpris sa concubine en adultère, il ne la quitte pas immédiatement et ne se porte pas son accusateur. Paul, dans ses *Sentences* (liv. II, tit. XXVI, § 8), ne parle, en effet, que de celui *qui in adulterio deprehensam uxorem non statim dimiserit*, et non de celui qui n'aurait pas immédiatement renvoyé sa concubine *in adulterio deprehensa*. Toutefois il est incontestable que l'homme assez ignoble pour trafiquer de sa concubine, pour la prostituer, serait un *leno*.

L'*affectus* présumé, probable, presque certain du mari pour son *uxor*, et de l'*uxor* pour son époux, rend compte d'un grand nombre de dispositions spéciales aux personnes unies en *matrimonium justum*, et inapplicables à celles qui sont en concubinat.

Ainsi il n'est pas permis aux époux de se faire, soit directement, soit indirectement, des donations irrévocables; entre personnes, au contraire, vivant *in concubinatu*, toutes les libéralités sont possibles (Dig., fragm. 31, pr., *De donat.*, et fragm. 3, § 1, *De donat. inter virum et uxorem*). Pourquoi? Parce que, répondent les jurisconsultes romains, l'attachement réciproque des époux est très-grand; il a fallu refréner ses manifestations; il a fallu empêcher que le plus aimant ne se ruinât complétement au profit de l'autre. Pas n'était besoin de pareilles précautions et mesures, lorsqu'il s'agissait de personnes dont l'*affectus* n'était certainement pas l'*affectus maritalis*. On peut donc en toute liberté donner à sa concubine, et la donation qu'on lui a faite est définitive, et ne peut être révoquée, même quand le donateur prend ensuite, comme *uxor*, la donataire. C'est ce que nous apprend Papinien, dans le fragment 31, princ., *De donationibus*, au Digeste.

Accurse et Hotman ont affirmé, un peu témérairement à notre avis, que les soldats ne pouvaient donner à leurs concubines. Ils ont confondu la concubine qu'un soldat pouvait avoir, avec la *focaria*, cette espèce de servante courtisane, de *bonne à tout faire*, que le militaire s'accolait. C'est seulement à cette dernière qu'Antonin avait interdit de rien recevoir de son amant.

Les excès de l'*affectus* entre gens qui vivent en concubinat n'étant pas à redouter, il ne peut y avoir lieu de priver la concubine des libéralités entre-vifs ou testamentaires qu'aurait pu lui faire son conjoint, si ce n'est dans les cas d'indignité. A la vérité, un homme ne peut rien donner à la femme avec laquelle il a commis un *stuprum*, mais on ne commet pas de *stuprum* avec sa concubine.

Il y a au Digeste, à propos de l'incapacité de recevoir résultant du *stuprum* pour la femme, une réponse de Papinien extrêmement curieuse, et d'une grande difficulté d'interprétation. Je me contenterai de rapporter les explications dissidentes de Cujas et de Fabre, puis j'exposerai mes idées personnelles sur le texte embarrassant de l'illustre et malheureux préfet du prétoire.

Voici ce texte : « Quoniam stuprum in ea contrahi non placuit, quæ se non patroni concubinam esse patitur, ejus, qui concubinam habuit, quod testamento relictum est, actio non denegabitur : idque in testamento Cocceii Cassiani clarissimi viri, qui Rufinam ingenuam honore pleno dilexerat, optimi maximique principes nostri judicaverunt : cujus filiam quam alumnam testamento Cassianus nepti coheredem datam appellaverat, vulgo quæsitum apparuit. » (Fragm. 16, § 1, *De his quæ ut inde*, Dig.)

Cujas, usant du procédé hardi qui lui est familier, corrige le texte, afin, dit-il, de le rendre explicable, et l'adapte à l'hypothèse et aux conceptions suivantes : « Cassianus, homme très-illustre, sénateur, a aimé avec la plus grande considération l'ingénue Rufina, ce qui revient à dire qu'il l'a eue pour épouse, et non pour concubine, comme le prétend Accurse. Le même Cassianus, après la mort de Rufina, a pris pour concubine la fille que Rufina avait eue d'une précédente union, et qui est sa belle-fille à lui. Il a pu le faire légalement, quoiqu'elle fût née d'une ingénue, et cela parce qu'elle s'était prostituée. Il faut entendre ainsi la fin du paragraphe. Ce que Cassianus lui a laissé par testament ne lui sera pas enlevé, car il n'a pas commis de *stuprum* avec elle. »

Fabre explique tout autrement le texte de Papinien ; il fait remarquer que le jurisconsulte romain a commencé par poser en principe que, même sans être le patron d'une femme, on peut l'avoir valablement pour concubine, et qu'on ne commet pas alors un *stuprum* avec elle, si toutefois elle se trouve dans les conditions voulues pour pouvoir être en concubinat. Puis il passe à l'espèce proposée par Papinien, et dit :

« Au rapport de Papinien, Cassianus a aimé *pleno honore* l'ingénue Rufina, il l'a donnée pour cohéritière à sa petite-fille, et il a été reconnu que la fille de cette Rufina était une *vulgo quæ-*

sita. Voilà ce qui est écrit et ce qu'il faut lire. Jusqu'à présent, personne n'a bien interprété ce texte, et on se trompe quand on imagine que ces mots : *pleno honore dilexerat*, signifient que Cassianus avait épousé Rufina. Si ce n'est pas cette dernière, mais sa fille qui eût été instituée, comme le prétend Cujas, on ne voit pas pourquoi Papinien eût parlé de Rufina, puisque ce ne serait pas d'elle qu'il se serait agi, mais de sa fille. De plus, si Rufina a été l'épouse de Cassianus, sa fille n'a pu, sans commettre un *stuprum*, être la concubine du même homme, pas plus qu'elle n'eût pu être son épouse. Accurse a raison de soutenir que, par ces mots : *pleno honore dilexerat*, Papinien a voulu dire que Rufina avait été tout simplement la concubine de Cassianus, car on peut aimer une concubine *pleno honore*, l'important est d'aimer une *uxor pleniori honore*. Au reste, grand nombre d'auteurs disent avoir trouvé, dans plusieurs éditions des Pandectes, *pleno amore*, et non *pleno honore :* ce qui se dit de la concubine comme de l'*uxor*. Il faut donc nécessairement admettre que Rufina a été la concubine de Cassianus, et que c'est elle que Cassianus a instituée héritière, car il ne faut pas perdre de vue que c'est sa concubine qu'il a instituée. Vainement on objecterait que, d'après Papinien, le legs a été fait à la fille de Rufina. Il est évident que le texte a subi des altérations. Mais rien n'est plus facile que de lui rendre sa première forme, il suffit de changer de place ces mots : *cujus filiam*, et de les mettre après ceux-ci : *nepti coheredem datam appellaverat;* on lirait : *cujus filiam vulgo quæsitam apparuit*. Cette leçon admise, il devient clair que Rufina a été la concubine de Cassianus, et que ce dernier l'a, par son testament, donnée comme cohéritière à sa petite-fille, en l'appelant son *alumna*. Comme Rufina était ingénue, Papinien a dû ajouter ces mots : *cujus filiam vulgo quæsitam esse apparuit*, de manière à indiquer que Rufina s'était prostituée, et que conséquemment Cassianus avait pu en faire sa concubine, quoiqu'elle fût ingénue, sans qu'on puisse leur reprocher un *stuprum*. Cassianus, qui savait que Rufina était ingénue, mais qui ignorait sa prostitution, l'avait appelée, dans son testament, son *alumna*, pour qu'on ne lui enlevât pas comme à une indigne ce qu'il lui laissait. Mais l'empereur, ayant reconnu que cette femme s'était prostituée, décida, sans tenir compte de la qualification d'*alum-*

na, que Rufina avait pu être la concubine de Cassianus, et que, par conséquent, on ne pouvait la priver de rien comme indigne. Ainsi entendu, l'exemple donné par Papinien s'accorde très-bien avec la règle qu'il pose au commencement du paragraphe. » (Ant. Fabre, *Conjectura juris civilis*, liv. III, ch. XIV.)

Fabre reproche aussi à Cujas d'avoir bien inutilement substitué les mots *quæstum fecisse* au mot *quæsitum* qu'il suffisait de lire *quæsitam*, car une ingénue *vulgo quæsita* peut être concubine comme celle qui s'est prostituée.

Bien que l'interprétation de Fabre soit de beaucoup préférable à celle de Cujas, elle exige, comme celle de celui-ci, un remaniement du texte. Je ne trouve pas mauvais que Fabre ait lu *quæsitam*, au lieu de *quæsitum* qui ne signifierait absolument rien. D'excellentes éditions du Digeste, celle de Freiesleben et celle de Kriegel entre autres, lui donnent raison en cela. Mais je n'accepte pas aussi facilement le déplacement qu'il opère des mots *cujus filiam*, et sa leçon si tourmentée : « Idque in testamento Cocceii Cassiani clarissimi viri, qui Rufinam ingenuam honore pleno dilexerat, optimi maximique principes nostri judicaverunt : quam alumnam testamento Cassianus nepti coheredem datam appellaverat, cujus filiam vulgo quæsitam apparuit. » Il me paraît mille fois plus simple de prendre exactement dans le texte ce qui s'y trouve : on n'en arrive pas moins à la confirmation de la règle posée par Papinien. Veuillez me suivre, monsieur.

Un citoyen romain qui, même sans être patron d'une affranchie, la prend pour concubine, n'est pas en état de *stuprum* avec elle, comme il le serait avec une ingénue qu'il aurait la prétention d'avoir en concubinat sans qu'elle eût fait la *testatio* constitutive de son abaissement, si jusqu'à ce moment elle était restée honnête. Il suit de là que les dispositions testamentaires faites par ce citoyen romain au profit de l'affranchie, sa concubine, seraient valables, à la différence de celles faites au profit de l'ingénue avec laquelle on a commis un *stuprum*. Telle est la prémisse que contient le texte : il faut en tirer les conséquences que Papinien lui-même en tire dans l'hypothèse par lui rapportée.

Le sénateur Cocceius Cassianus, un homme de sentiment, — un imbécile peut-être, — aimait d'amour tendre une ingénue, Rufina, dont les antécédents n'étaient pas absolument nets. Cette ingénue avait eu dans sa jeunesse une fille dont le père était inconnu. Aux yeux du bon Cassianus, c'était un malheur, un accident : Rufina était l'innocente victime d'une odieuse séduction! Il la prit pour concubine, n'en pouvant faire son *uxor*. Mais il l'entoura de la plus parfaite considération, *pleno honore eam dilexit*. Il prit chez lui sa fille. Pour ne pas révéler à ceux qui l'ignoraient le passé de Rufina, il donna à la fille de celle-ci le nom affectueux d'*alumna*. Ce fut une jeune parente qu'il avait recueillie, qu'il élevait, quelque chose comme une nièce. Quand le digne homme mourut, il la donna pour cohéritière à une sienne petite-fille, et dans son testament, comme bien on le pense, il n'oublia pas Rufina : il lui laissa quelque chose.

Réclamations des personnes intéressées à ce que le legs fait à cette dernière tombât : « Rufina était une ingénue, elle n'avait pu être la concubine de Cassianus ; entre elle et lui il y avait un *stuprum*, partant le legs était nul ! » Les empereurs Sévère et Antonin Caracalla reconnurent que Rufina avait eu une fille *vulgo quæsita*, qu'elle était par conséquent de ces ingénues qu'on pouvait prendre pour concubines, et maintinrent la libéralité faite à son profit par le défunt, puisqu'il n'y avait pas eu *stuprum*.

Je n'ai pas changé, pas déplacé un mot du texte : je n'ai pas eu à supposer que Cassianus ait donné à sa concubine, dans un acte sérieux, la qualification d'*alumna*; j'ai suivi Papinien à la lettre, et logiquement de la conséquence je suis remonté avec lui à la prémisse.

La faculté accordée à l'homme de donner à sa concubine tout ce qu'il jugerait à propos, existait, ainsi que nous venons de le voir, dans le droit antéjustinianéen; mais à partir du règne de l'époux de Théodora, il n'en fut plus de même. Ce prince jurisconsulte décida qu'à l'avenir on ne pourrait donner à sa concubine que dans les proportions suivantes : Si le testateur a des enfants nés de justes noces, il ne pourra laisser à sa concubine qu'une once à partager avec les enfants issus de leur concubinat. Si leur union est restée stérile, la femme ne pourra recevoir qu'un vingt-quatrième de la succession. Quand, au lieu d'enfants nés d'un *matrimonium justum*, le testateur avait pour héritiers légitimes des ascendants, il lui était permis de laisser tout ce qu'il voulait à sa concubine, hors la réserve attribuée à ceux-là. Quand il mourait sans *justi liberi* et sans ascendants, il pouvait laisser à sa concubine tout ce qu'il voulait. (Nov. 89, ch. XII).

Mais une concubine a-t-elle jamais eu *ab intestat* quelques droits à la succession de son conjoint? Non! le droit civil n'admettait la femme à succéder à son mari que lorsqu'elle était *in manu ejus*, conséquemment *loco filiæ*, et au nombre des *heredes sui*. La concubine ne peut jamais être, *loco filiæ*, sous la *manus* de l'homme avec lequel elle vit.

Lorsque le préteur créa la *bonorum possessio unde vir et uxor*, pour faire arriver, dans certains cas, la succession de l'époux prédécédé au conjoint survivant, il fut entendu que cette *bonorum possessio* ne serait accordée que s'il y avait eu *matrimonium justum* (fragm. 1, *Unde vir et uxor*, Dig.). La concubine n'eut donc, ni d'après le droit prétorien, ni d'après le droit ancien, aucune aptitude à recueillir la succession de son conjoint.

Je ne pense pas non plus qu'on puisse étendre aux concubines les nouveaux avantages qui furent accordés aux *uxores* par Justinien. Ce prince permit à l'*uxor* indigente de prendre un quart des biens de son mari prédécédé, pourvu que ce dernier ne laissât pas plus de trois enfants; s'il en laissait davantage, elle ne pouvait prendre qu'une part virile dans la succession. L'empereur, dans les novelles 53 et 117, ne dit mot de la concubine; il faut conclure de son silence qu'il n'entend pas lui accorder le même bénéfice qu'à l'*uxor*. Les princes chrétiens étaient loin de favoriser le concubinat, ils le supportaient à regret, le toléraient et ne l'encourageaient plus. Ils subissaient les concubines : il n'eût pas été rationnel qu'ils leur accordassent des avantages.

Relativement à la succession de ses propres enfants, la femme qui les avait eus d'un concubinat était-elle aussi maltraitée?

Dans l'ancien droit, même l'*uxor*, quand elle n'était pas sous la *manus* de son mari, n'avait *ab intestat* aucun droit à la succession de ses enfants. Naturellement il en était de la concubine comme de l'*uxor*. Ce ne fut qu'en vertu de l'édit, et lorsque le préteur eut imaginé les *bonorum possessiones*, que les femmes purent succéder à leurs enfants. Elles eurent la *bonorum posses-*

sio unde cognati. Plus tard, le sénatus-consulte Tertullien leur déféra l'hérédité de leurs enfants ; elles furent alors rangées, quant à eux, dans la classe des héritiers légitimes.

La date de ce sénatus-consulte a été discutée. Les uns le placent sous le règne d'Antonin le Pieux ; les autres, s'en tenant aux renseignements fournis par les Institutes, pensent qu'il fut porté sous le règne d'Adrien. Mais ce point d'histoire est sans importance pour nous : il nous suffit de savoir que *ex senatus-consulto Tertulliano*, la mère succédait à ses enfants, quel que fût leur état civil. On ne distinguait pas si elle les avait conçus dans de justes noces, ou si elle les avait eus d'un concubinat ; elle succédait même à ses *vulgo quæsiti* (fragm. 2, § 1, *ad S.-C. Tert. et Orf.*, Dig.). Le sénat voulait récompenser les femmes qui avaient mis au monde des enfants, et concouru à repeupler l'empire. On ne se demandait pas si ces enfants étaient issus d'unions légitimes ou non : la maternité n'est jamais douteuse.

Nous avons vu que la femme qui avait un enfant n'était pas *orba ;* cependant, pour pouvoir recueillir *ab intestat* la succession que lui attribue le sénatus-consulte Tertullien, il fallait qu'elle eût eu trois enfants si elle était une ingénue, quatre si elle était une affranchie.

Par une constitution, Sévère exigea en outre qu'elle n'eût pas omis de faire nommer à ses enfants impubères un tuteur capable et solvable, ni négligé de procéder aux démarches nécessaires pour le remplacement de leur tuteur, dans le cas où il aurait été excusé ou destitué. Elle n'avait qu'un an pour cela (fragm. 2, §§ 23 et 43, *ad S.C. Tert.*, et fr. 2, § 2, *Qui pet. tut.*, au Dig.). Faute de se conformer à ces prescriptions, elle perdait le droit de succéder en vertu du sénatus-consulte Tertullien, à moins qu'elle ne fût *minor viginti quinque annis*, ou que ses enfants n'eussent atteint la puberté, car, dans ce dernier cas, s'ils mouraient sans faire de dispositions testamentaires contre elle, c'est qu'ils lui avaient pardonné.

A la mère étaient toujours préférés les descendants du défunt. Mais lui préférait-on aussi le père des enfants nés du concubinat, et les frères et sœurs de ses enfants prédécédés ? Il faut répondre négativement à cette question. Il n'existe, en faveur du père purement naturel, aucune disposition analogue au sénatus-consulte Tertullien. Le préteur l'appelait bien, comme cognat, à la *bonorum possessio* de ses enfants *ex concubinatu nati*, mais, comme cognat, il était primé par leur mère, sa concubine, qui, elle, était une *legitima*. Le *pater justus*, au contraire, était expressément préféré à sa femme. Quant aux frères et sœurs, nés *ex concubinatu*, ils étaient pareillement exclus par la mère. Impossible de leur appliquer la dénomination de consanguins dans le sens que les Romains affectaient à cette épithète, et le sénatus-consulte Tertullien ne mettant avant la mère que les *consanguinei* du défunt, personne n'était en position d'exclure la concubine de la succession de ses enfants.

Plusieurs fois, à dater du triomphe du christianisme, le droit de succéder à leurs enfants, résultant pour les femmes du sénatus-consulte Tertullien, fut modifié par des constitutions impériales. Mais Constantin, Théodose II et Valentinien III, qui ne pouvaient de nouveau, soit directement, soit indirectement, sanctionner le concubinat, n'ont dû s'occuper que des agnats et des *uxores*, et je ne pense pas que leurs décisions puissent s'appliquer aux concubines.

Justinienchangea toute l'économie du sénatus consulte Tertullien; il n'exigea plus de la femme qu'elle eût eu plusieurs enfants, pour pouvoir leur succéder *ab intestat*, trouvant inhumain et impie de faire tourner au détriment de la mère ce qui est le résultat d'un cas fortuit, et de lui faire en quelque sorte un crime de son infécondité. Il prit une décision qui, en améliorant la position des mères *justæ*, amoindrit celle des concubines mères. D'après le sénatus-consulte Tertullien, la mère se trouvait absolument exclue si le défunt avait laissé des frères consanguins; s'il ne laissait que des sœurs consanguines, sa mère venait en concours avec elles. L'empereur supprima cette disposition, qui du reste n'intéressait pas les concubines, et ordonna qu'à l'avenir les frères du défunt, même quand ils n'auraient que le droit de cognation (ce droit n'est pas étranger aux enfants nés du concubinat), partageraient la succession de leur frère prédécédé, avec la mère réduite alors à une part virile. Dans le cas où le défunt n'aurait laissé que des sœurs, la mère était appelée à la moitié de la succession (loi 7, pr., *ad S.-C. Tertull.*, Cod.). Par sa constitution, Justinien diminuait les droits de la concubine : autrefois elle excluait tout le monde, dorénavant elle va subir le concours des frères et sœurs de son enfant.

Peu après, le même empereur ne laissa plus qu'une part virile à la mère, même quand elle n'était en présence que de sœurs du *de cujus* (nov. 22, ch. XLVII, § 2). Il ne lui refusa pas néanmoins la *querela inofficiosi testamenti,* et lui permit d'attaquer le testament dans lequel son enfant l'aurait exhérédée sans de justes motifs (nov. 115, ch. VI.)

Passant de la concubine à ses enfants, demandons-nous quelle était leur position par rapport à leur mère et sa famille ; nous rechercherons ensuite quelle pouvait être leur position à l'égard de leur père et de la famille de celui-ci.

La loi des Douze Tables n'appelait à succéder que les *heredes sui,* les agnats et les *gentiles*. Tant que ces principes furent en vigueur, les enfants de la concubine n'eurent évidemment aucune aptitude à la succession de leur mère. Ils n'étaient pas ses *heredes sui* (les femmes n'ont pas de pareils héritiers), ils n'étaient pas ses agnats (l'agnation ne s'établit que par les mâles), ils n'étaient pas ses *gentiles* pour une foule de raisons dont l'examen n'est pas de notre sujet.

D'après ce droit peu sentimental, ils étaient aussi étrangers à leur mère que si aucun lien ne les eût rattachés à elle. Mais notons qu'il en était de même des enfants nés d'un *matrimonium iustum* quand leur mère n'était pas devenue leur agnate au moyen d'une *in manum mariti conventio*. Heureusement les préteurs modifièrent cette rigueur du droit primitif. Comme le droit ancien, ils reconnurent trois ordres d'héritiers *ab intestat* : l'ordre des *liberi,* celui des *legitimi,* et celui des cognats ; dans ce dernier entrèrent toutes les personnes du même sang. Les enfants issus du concubinat trouvèrent naturellement place dans cet ordre, et purent, par la *bonorum possessio unde cognati,* arriver à la succession de leur mère.

Cet état de choses dura assez longtemps, car ce ne fut que plusieurs années après le sénatus-consulte Tertullien que parut le sénatus-consulte Orphitien. Le premier appelait la mère à la succession de ses enfants, le second appela les enfants à la succession de leur mère. Le sénatus-consulte Orphitien date du règne des empereurs Marc-Aurèle et Commode. Il attribua aux enfants de la femme, quels qu'ils fussent, la succession de leur mère, et les préféra même aux agnats.

Sans être les *heredes sui* de leur mère (une femme ne peut

avoir d'héritiers de cet ordre) les enfants lui en tinrent lieu, ainsi que le remarque fort bien M. Ortolan dans son *Explication historique des Institutes*. Ils venaient avant tout autre, même avant le père et la mère de la défunte, quoique la mère eût pour elle le sénatus-consulte Tertullien, qui lui confère la succession de sa fille. La prééminence du sénatus-consulte Orphitien sur le sénatus-consulte Tertullien fut établie par des constitutions impériales, entre lesquelles notamment celles des empereurs Valentinien, Théodose et Gratien (lois 1 et 4, *ad S.-C. Orphit.*, Cod.).

Le sénatus-consulte Orphitien n'avait rien dit des petits-enfants de la défunte, il ne les avait pas habilités à recueillir la succession de leur grand'mère : c'était là une lacune que les empereurs Valentinien, Théodose et Arcadius firent disparaître. A partir de ces princes, les petits-fils et petites-filles purent succéder comme les fils et les filles (loi 4, tit. I, liv. v, Cod. Théod.). C'est ce qui a permis à Voët de dire que les enfants nés du concubinat représentaient leur mère et venaient prendre sa place dans la succession de leur aïeule; en effet, ajoute-t-il, la qualité de l'enfant est indifférente dans la ligne maternelle (Voët, *Ad senatus-consultum Tertullianum et Orphitianum*, fr. 4 et 8, *Unde cogn.*).

Quels qu'ils fussent, les enfants investis de droits héréditaires par les dispositions que nous venons d'indiquer ne pouvaient être exhérédés ou omis dans le testament de leur mère, si celle-ci n'avait pas contre eux de justes motifs de mécontentement. En conséquence, on leur accordait la *querela inofficiosi testamenti* (fragm. 5 et 9, *De inoff. test.*, Dig. ; lois 1 et 5, Cod., *De inoff. test.*).

Dire que les *liberi ex concubinatu nati* auraient cette *querela*, c'était dire implicitement qu'ils avaient une légitime dont on ne pouvait les priver sans de justes motifs. Elle était du quart de ce qu'aurait eu l'enfant s'il était venu *ab intestat* à la succession.

Puisque les enfants de la concubine avaient droit à une légitime, à plus forte raison auraient-ils pu recevoir des legs de leur mère ou être par elle institués héritiers. Jamais cette aptitude ne leur fut contestée, tant que le concubinat resta licite ; elle ne fut pas même modifiée par Justinien, lui qui touchait à toute chose et qui réformait tout.

Entre-vifs, la concubine aurait certainement pu faire des donations à ses enfants, rien ne s'y opposait. Et de ce que leur mère à sa mort leur devait une légitime, je conclus que, de son vivant, ils pouvaient exiger d'elle des aliments ; mais je me hâte d'ajouter que si elle se fût trouvée dans le besoin, ils eussent été réciproquement obligés de lui venir en aide dans la mesure de leurs moyens.

La filiation des enfants nés du concubinat, étant certaine par rapport à leur mère, l'était aussi par rapport à tous les parents maternels. Ces enfants étaient donc appelés, non-seulement à la succession de leur mère, mais encore, selon leur degré de proximité dans l'ordre des cognats, à la succession des parents de celle-ci. Ils succédaient aussi entre eux, absolument comme s'ils eussent été de *justi liberi* (fr. 2 et 4, *Unde cogn.*, Dig.). Cela ne pouvait pas faire doute quand ils étaient d'une même mère; mais que décider quand, ayant eu le même père, ils étaient nés de mères différentes? Auraient-ils pu venir à la succession les uns des autres par la *bonorum possessio unde cognati*? Pourquoi non? La cognation résulte de la parenté naturelle, du lien du sang, et du moment qu'on tient pour certain que des enfants sont nés d'un même père, du moment qu'ils ont un même *pater certus*, il faut bien admettre qu'ils sont frères. On peut leur refuser les droits de l'agnation, qui est une parenté toute civile, mais on ne peut leur contester la qualité de cognats entre eux. Aussi, selon moi, les enfants qu'un homme aura eus d'une *uxor* et d'une concubine, ou bien de deux concubines, pourront venir à la succession les uns des autres par la possession de biens *unde cognati*.

Cela admis, j'arrive naturellement à admettre l'opinion ainsi formulée par M. Ortolan : « Les enfants nés du concubinat ayant un père certain étaient unis indubitablement par les liens naturels du sang, non-seulement à la mère, mais encore au père et aux parents paternels. Le texte ne nous dit pas ici ni ailleurs s'ils étaient appelés par le préteur au rang des cognats dans la succession des parents paternels, mais l'affirmative est hors de doute. » (M. Ortolan, *Explication historique des Institutes*, t. III, p. 61).

Je crois, avec l'éminent professeur, que la cognation existait entre la famille paternelle et l'enfant né du concubinat. Ce n'est nullement contraire au principe qui, plaçant cet enfant en dehors de la famille civile de son père, le soustrait à la *patria potestas*, et lui enlève les droits d'agnation. On peut, sans faire partie de cette famille de convention, compter dans la famille naturelle, et y avoir tous les droits résultant d'une parenté incontestable.

Mais ce que je dis doit s'entendre des enfants dont le père est certain. Avant les lois Julia et Papia Poppœa, ceux qu'un homme aurait eus d'une concubine n'étaient pour lui que des *spurii*, et n'auraient pu être appelés à sa succession.

M. de Fresquet est tombé dans l'erreur, pensons-nous, lorsqu'il a affirmé que les enfants issus du concubinat auraient eu, par rapport à la succession de leur père, la *bonorum possessio unde liberi* (M. de Fresquet, *Traité élémentaire de droit romain*, t. II, p. 38). Il peut, au premier aspect, sembler extraordinaire qu'on n'appelle pas à la *bonorum possessio unde liberi* des personnes que l'on déclare être les *liberi certi* du défunt. Mais nous savons qu'on n'accordait pas aux enfants cette *bonorum possessio*, même quand il s'agissait de la succession de leur mère, et on ne voit pas pourquoi ils auraient eu un titre plus puissant quand il se serait agi de la succession de leur père. Comme le remarque M. Machelard dans son admirable *Dissertation sur l'accroissement*, il n'y avait d'appelés à la *bonorum possessio unde liberi* que les *heredes sui* ou ceux qui avaient cessé de l'être en vertu d'une émancipation dont le droit prétorien ne se préoccupait pas. Or, les enfants issus du concubinat n'ont jamais été les *heredes sui* de leur père; le préteur n'a donc pas dû les appeler comme *liberi* à la possession des biens de ce dernier.

Justinien fut le premier qui admit, à titre d'enfants, les *nati ex concubinatu*, à la succession de leur père mort intestat. Mais je dois dire qu'il leur fit une part bien exiguë. Si le défunt ne laissait ni *uxor* ni enfants d'elle, ceux de sa concubine pouvaient prendre deux onces de sa succession; dans le cas contraire, l'empereur ne leur accordait que des aliments (Authent., *Licet patri*, tit. XXVII, liv. v, Cod.; et nov. 18, ch. v).

Il est un point constant pour moi, quoique les textes n'en disent rien, c'est que sous l'empire de l'ancien droit, du droit prétorien et des constitutions des empereurs païens, les enfants issus du concubinat pouvaient recevoir de leur père tout ce qu'il voulait bien leur donner. « Uti legassit, ita jus esto. »

Mais cette liberté de disposition du père fut restreinte par les empereurs chrétiens. En vertu d'une constitution datée de Carthage, et dans laquelle resplendit tout le fanatisme du premier empereur chrétien, Constantin déclara infâmes et mit hors la loi les sénateurs, les préfets, les duumvirs, les ministres du culte qui, ayant eu des enfants d'une esclave, d'une fille d'esclave, d'une affranchie, d'une fille d'affranchie, d'une comédienne, d'une fille de comédienne, d'une tavernière, d'une fille de tavernière, d'une personne d'humble ou d'abjecte condition, d'une fille de *leno* ou d'*arenarius*, d'une marchande publique, voudraient les considérer comme légitimes. Il décida que les libéralités par eux faites directement ou indirectement à ces enfants seraient révoquées au profit des descendants issus de justes noces, du frère, de la sœur, du père ou de la mère du donateur. En ce qui concerne les libéralités faites à ces femmes, même décision, avec cette aménité de plus toutefois qu'on soumettra à des tortures ces misérables dont les séductions accroissent le nombre des réprouvés, *quarum venenis inficiuntur animi perditorum*. Si les intéressés à la révocation se font scrupule d'en profiter, et n'exercent pas leurs droits dans le court délai de deux mois, les biens donnés appartiennent au fisc (loi 1, *De nat. lib.*, Cod.). Or, comme la plupart des concubines de hauts personnages étaient des femmes d'humble condition, il résulte incontestablement de la constitution du fervent et cruel Constantin que bon nombre d'enfants nés du concubinat ne purent rien recevoir de leur père.

Mais quoique cette constitution ne statue que sur des cas particuliers, et qu'elle n'implique pas nécessairement l'existence d'une prohibition générale de rien donner ou laisser aux enfants *ex concubinatu quæsiti*, cette prohibition doit cependant avoir existé, car, au dire de Justinien, les empereurs Valentinien, Valens et Gratien furent les premiers qui firent quelque chose d'humain pour ces enfants. Le consciencieux Godefroy ne doute point que Constantin ne fût l'auteur de toutes les incapacités infligées aux enfants nés du concubinat (Jac. Gothofred. *Codex Theod. cum comm.*, Lipsiæ, 1736, t. I, p. 392).

Quoi qu'il en soit, on ne peut nier que, sous les empereurs chrétiens, le père de ces enfants se vit enlever le droit de leur laisser ses biens; à peine pouvait-il leur en donner quelques portions minimes, quelques bribes, à titre alimentaire.

A partir de Constantin, le concubinat n'est plus une union légale; les enfants qui en naissent ne sont pas encore, comme ils le furent sous Léon, des enfants *ex damnato coitu nati*, honteux produits d'une *nefaria consuetudo*, mais ils ne sont plus *legitimi*. Et cela est si vrai, que, lorsqu'ils seront mis au rang d'enfants nés de justes noces par le mariage subséquent de leurs parents, on dira d'eux que *legitimi fiunt*. Par leurs sévérités, les empereurs comptaient pousser à la légitimation de ces déshérités.

Pendant une période qui s'étend du règne de Constantin à celui des empereurs Gratien, Valens et Valentinien, les enfants nés du concubinat, incapables de recevoir même par testament de leur père, ne durent, à plus forte raison, avoir aucun droit sur la succession *ab intestat* de celui-ci, car les empereurs, qui défendaient de leur rien laisser par testament, n'eussent point permis aux préteurs de neutraliser leurs décisions par une *bonorum possessio unde cognati*.

Un retour à la mansuétude pour les enfants naturels (c'est ce nom qui, sous les empereurs chrétiens, servit à désigner exclusivement les enfants nés du concubinat, et que je leur donnerai dorénavant) eut lieu, ainsi que je l'ai déjà indiqué, sous le règne des empereurs Valentinien, Valens et Gratien. Ces princes permirent au père qui avait des *liberi justi* de donner entre-vifs, ou par testament, le douzième de ses biens à ses enfants naturels. Si cet homme n'avait ni père ni mère, ni enfants légitimes (pour les empereurs chrétiens les enfants légitimes sont exclusivement les enfants nés de justes noces et les légitimés), ses enfants naturels pouvaient recevoir un quart de sa fortune. Tout ce qu aurait excédé cette quotité revenait aux héritiers légitimes (nov. 89, ch. XII).

Ces dispositions des empereurs Gratien, Valentinien et Valens furent plus tard confirmées par Honorius et Arcadius (loi 2, *De nat. lib.*, Cod.).

Sous Justinien, la présence d'enfants adoptifs ou d'une épouse légitime ne restreignit plus la faculté qu'avait le père de faire des libéralités à ses enfants naturels (Auth., *Nunc soli*, tit. XXVII, liv. V, Cod.).

Par sa novelle 89, Justinien éleva du quart à la moitié la portion dont, à défaut d'enfants légitimes, le père pouvait disposer, soit entre-vifs, soit par testament, au profit des enfants naturels et de leur mère. Il ne s'arrêta pas là, car il permit au père qui n'aurait ni descendants légitimes, ni ascendants réservataires, de laisser toute sa succession à ses enfants naturels. S'il y avait des ascendants, et s'il n'y avait pas d'enfants légitimes, le père pouvait transmettre toute sa fortune à ses enfants naturels, la part des ascendants étant toutefois réservée. Mais quand il y avait des enfants légitimes, la constitution de Valens, Gratien et Valentinien continua de recevoir son application. Sur ce point, Justinien ne la modifia pas. Les enfants naturels ne purent toujours recevoir qu'un douzième de la fortune paternelle.

Comme on s'était demandé si les restrictions apportées par les constitutions impériales au droit de disposition du père naturel ne devaient pas être appliquées limitativement, et s'il n'était pas permis au père de celui qui avait des enfants d'un concubinat de disposer en leur faveur de tout ce qu'il eût pu donner à un étranger, Justinien, dans une constitution de l'an 539, décida que l'aïeul qui n'aurait pas de descendants légitimes, pourrait donner tout ce qu'il voudrait à son petit-fils naturel, et par ce mot se trouvent désignés l'enfant naturel d'un fils légitime ou naturel, et l'enfant légitime d'un fils naturel : tandis que l'aïeul qui aurait des descendants légitimes, ne pourrait laisser à ses petits-enfants naturels que ce qu'il aurait pu laisser à leur père (loi 12, *De nat. lib.*, Cod.). Remarquons que Justinien n'appelle pas les petits-enfants naturels à la succession de leur aïeul paternel mort intestat.

Les enfants naturels avaient-ils une réserve dans la succession de leur père? Aucun texte, que je connaisse, ne tranche explicitement la question.

Pérèze (tit. XXVII, liv. v, Cod.) et Hotman (*Disp. de spur. et legit.*, ch. III) pensent que ces enfants n'avaient pas de légitime. La légitime, disent-ils, n'appartient qu'aux héritiers investis du droit d'intenter une *querela inofficiosi testamenti*. Ce droit, les enfants naturels ne l'ont pas, car leur père ne peut avoir manqué à un devoir d'affection envers eux, lui à qui la loi défend, dans certains cas, de leur donner plus d'un douzième de ses biens. Quand il leur laisse valablement quelque chose, c'est en vertu d'une tolérance de la loi. Il peut, il ne doit pas.

Les raisons de ces jurisconsultes sont faibles, et leur système est trop général. Il faut distinguer soigneusement entre les diverses époques.

Avant les lois Julia et Papia Poppœa, les enfants *ex concubinatu quœsiti* étaient considérés comme n'ayant pas de père certain, et n'avaient conséquemment aucun droit à la succession de leur auteur.

A partir de ces lois, ils ont un père certain. Si celui-ci les omet dans son testament, il manque envers eux à l'*officium pietatis*, il fait preuve de cette malveillance dont on se préoccupait exclusivement pour justifier la *querela inofficiosi testamenti*. Ils auraient donc pu intenter cette *querela*, mais dans le cas seulement, bien entendu, où *ab intestat* ils eussent dû avoir quelque chose ; en d'autres termes, dans le cas où, par la *bonorum possessio unde cognati* qui leur appartenait, ils auraient été appelés en premier ordre. Autant vaut dire, selon moi, que, dans ce cas, ils ont une légitime.

Sous Constantin et ses successeurs, jusqu'à Gratien, Valens et Valentinien, ces enfants ne peuvent plus rien tenir de leur père ; de son côté, le préteur ne se permet pas de les protéger. Ils ne sont évidemment plus des légitimaires. Ils ne le sont pas davantage sous Valens, ses collègues et ses successeurs, qui, tout en autorisant le père à laisser par testament quelque chose à ses enfants naturels, n'accordèrent cependant aucun droit *ab intestat* à ces derniers.

Quand Justinien, cessant de les sacrifier tout à fait, leur eut restitué, pour le cas du moins où ils n'étaient pas en présence d'enfants légitimes ou de l'*uxor* du défunt, des droits bien exigus, il est vrai, de succession *ab intestat*, il devient rationnel d'admettre qu'ils eurent une légitime. Mais si la présence d'enfants légitimes ou d'une *uxor* du testateur leur enlevait toute vocation à l'hérédité paternelle, ils ne pouvaient réclamer que des aliments. Cela dura jusqu'à Léon VI, qui les rejeta dans la classe des réprouvés.

Réciproquement le père avait-il quelques droits à la succession de ses enfants issus d'un concubinat? Aucun assurément, d'après la loi des Douze Tables. Mais il fut compris par le préteur au nombre de ceux à qui était accordée la *bonorum possessio unde cognati*. On peut raisonnablement penser que, sous les premiers empereurs chrétiens, il cessa d'être apte à recueillir comme cognat la succession de ses enfants naturels. Il n'est cependant pas impossible que les empereurs Valens, Valentinien et Gratien, Honorius et Arcadius lui aient restitué quelque capacité. Cela est même probable. Seulement, à l'appui de ma conjecture, pas de documents. Je né puis devenir affirmatif que pour la période datant de Justinien. Cet empereur, qui accordait un sixième aux enfants naturels dans la succession de leur père mort intestat, attribua également un sixième à celui-ci, dans les biens de ses enfants morts sans avoir testé (nov. 89, ch. XIII). Il était du reste exclu par les enfants et par la femme du défunt, et n'avait droit alors qu'à des aliments (Auth., *Licet patri*, tit. XXVII, liv. V, Cod.).

Ex testamento, le père pouvait, sous réserve du droit des légitimaires, recevoir de ses enfants naturels ce qu'il leur convenait de lui donner. Il ne nous est du moins parvenu aucune disposition qui restreigne sa capacité. Peut-être, pendant les années qui s'écoulèrent de 313 à 375, le testament des enfants en faveur du père naturel dut-il être dénué d'effets, comme en était dénué celui du père en faveur de ses enfants; mais, sous Justinien, le père avait positivement le droit de *capere ex testamento* tout ce qui lui était laissé par ses enfants naturels, s'il n'y avait pas d'héritiers à réserve.

Il pouvait pareillement recevoir d'eux toute espèce de donation entre-vifs, et, s'il était dans le besoin, exiger qu'ils le nourrissent. La dette d'aliments des enfants naturels envers leur père, celle de celui-ci envers ses enfants, ne date évidemment pas du règne de Justinien. Des textes empruntés aux jurisconsultes classiques, prouvent qu'elle existait dès le commencement de l'empire (fragm. 4 et 5, *De agnosc. et alend.*, Dig.). Elle avait sa cause plutôt dans la sanction du droit de la nature que dans les règles du droit civil. La seule recherche à laquelle il y eût lieu de procéder était celle de la filiation. Et comme les enfants nés du concubinat ont un père aussi certain que les enfants nés d'un *matrimonium justum*, le père avait le droit d'exiger d'eux des aliments, ils avaient le droit d'en exiger de leur père.

Mais ce serait mal raisonner que conclure, ainsi que le fait Hotman (*Disp. de spur. et legit.*, ch. III), de la nécessité imposée à un père de nourrir ses enfants naturels, à la nécessité pour lui de doter sa fille née d'un concubinat. Entre la dot souvent considérable et des frais d'entretien ordinairement assez faibles, la distance est grande; entre la constitution d'une dot qui, une fois fournie, adhère en quelque sorte à la femme jusqu'à sa mort, et la dette alimentaire qui disparaît dès que l'enfant se trouve en position de subvenir par lui-même à ses besoins, la différence est notable.

Les empereurs Sévère et Antonin (fragm. 19, *De rit. nupt.*, Dig.) avaient pu obliger le père à doter la fille qui était sous sa puissance, et qui, même lorsqu'elle obtenait de se marier malgré lui, n'épousait jamais qu'un homme de condition sortable, et pour lequel les magistrats avaient reconnu mal fondées les répugnances du père. Il aurait été par trop fort que ces empereurs contraignissent un père naturel à doter une fille complétement indépendante de sa puissance, qui pouvait se marier sans prendre conseil de lui, même dans les conditions les plus justement répréhensibles.

Dès le moment de leur naissance, les enfants nés du concubinat se trouvaient *sui juris*. Tant qu'ils n'avaient pas atteint l'âge de la puberté, ils étaient donc généralement en tutelle. Mais quels tuteurs pouvaient-ils avoir? Un tuteur légitime? Un tuteur fiduciaire? Non, car ils n'ont pas d'agnats sous la tutelle desquels ils puissent se trouver, ni d'ascendant qui, en les mettant hors de sa puissance, soit dans le cas d'acquérir pour lui ou de procurer à d'autres sur eux la tutelle particulière au *manumissor*. Un tuteur testamentaire? Non plus, tant qu'il n'y eut que le père, investi de la *patria potestas* sur ses enfants, qui fût en droit de leur nommer un tuteur.

Mais peu à peu on s'était relâché des principes, à ce point que, d'après Nératius, contemporain de Trajan, la désignation d'un tuteur par la mère devait être confirmée par le préteur, après enquête il est vrai. Le jurisconsulte ne distingue pas entre la concubine et l'*uxor*, et pour cause, car, par rapport à la mère, les enfants sont d'une seule et même condition (fragm. 2, *De conf. tut.*, et fragm. 4, *De test. tut.*, Dig.).

Si l'on reconnut à la mère le droit de nommer, ou autant

vaut, un tuteur à ses enfants, ce droit ne dut pas être refusé au père naturel, dès que les lois Julia et Papia lui eurent fait une paternité certaine. Il existe, en effet, au Digeste et au Code plusieurs fragments (fragm. 7, *De conf. tut.*, Dig., et loi 4, *De conf. tut.*, Cod.), qui autorisent le père naturel à donner un tuteur à ses enfants, à la condition néanmoins d'avoir, en leur laissant une partie de sa fortune, fait preuve d'une solide affection pour eux. Le magistrat avait d'ailleurs à voir s'il convenait que le choix fût approuvé. Nous pouvons remarquer (et notre observation a sa source dans un fragment de Modestin et dans une constitution de Justinien) que le tuteur, nommé par la mère ou le père naturel, est donné aux biens plutôt qu'à la personne, *in rem potius quam in personam* (fragm. 4, *De test. tut.*, Dig., et loi 4, *De conf. tut.*, Cod.).

Quand tutelle testamentaire et tutelle légitime manquaient, il était nommé un tuteur à l'impubère par les magistrats que la loi Atilia et la loi Julia et Titia avaient désignés. Aucun texte n'interdisait à ces magistrats de conférer la tutelle dative au père naturel, s'il était capable de remplir les charges publiques.

La mère, que son sexe écartait de toute fonction, n'aurait pu être investie de cette tutelle. Cependant, lorsqu'elle le demandait, l'empereur, qui peut tout, pouvait lui accorder comme une faveur la tutelle de ses enfants naturels impubères (fragm. 18, *De tut.*, Dig.). En l'an 530, Justinien, faisant une règle de ce qui était une exception, autorisa la mère naturelle à prendre la tutelle de ses enfants impubères (loi 3, *quando mul. tut.*, Cod., et Nov. 89, ch. XIV). Mais elle devait s'engager, sous serment, à ne pas se marier, et renoncer à se prévaloir du sénatus-consulte Velléien, ou de toute autre disposition établie au profit des femmes. Acte de cet engagement était dressé par un magistrat.

Au sortir de la tutelle, l'enfant naturel, comme celui né d'un *justum matrimonium*, recevait généralement un curateur. Les magistrats auraient certainement pu conférer la curatelle au père de cet enfant. Nulle part le contraire n'est dit. La mère, c'est autre chose. Femme, elle est en principe incapable des charges publiques, et il n'existe aucun texte, aucune loi, aucune constitution qui l'ait, à raison de sa qualité de mère, déclarée apte à la curatelle.

Un curateur ne pouvait être donné par testament. Néanmoins

le préteur confirmait presque toujours le choix qu'aurait fait le père légitime, et j'ajoute sans hésiter le père naturel. Quant au choix fait par la mère, il était également confirmé sur enquête. C'est un vieux jurisconsulte, Nératius, qui nous l'apprend (fragm. 2, § 1, *De conf. tut.*, Dig.).

Il est du reste probable que les enfants nés du concubinat perdaient assez souvent la qualité de *sui juris*, en entrant, par les modes que le droit civil consacre, sous la puissance de leur père ; conséquemment il n'était alors question pour eux de tutelle et de curatelle que dans les cas où il en était question pour les enfants issus de justes noces.

Ainsi, lorsqu'un père avait adrogé son enfant naturel (et cela, pensons-nous, se pratiqua dès les premiers temps de Rome), cet enfant, devenu *alieni juris*, cessait, par cela même, d'être pupille ou d'avoir un curateur. Il ne pouvait se retrouver en tutelle ou curatelle que si la *patria potestas* venait à être dissoute avant qu'il eût atteint l'âge de vingt-cinq ans. Sa condition alors était exactement celle de tout enfant qui échappe à la puissance paternelle.

L'adrogation, qui jamais n'a lieu qu'avec l'assentiment du peuple ou de l'empereur, fut certainement toujours possible, même quand elle concernait des enfants nés du concubinat. Mais on peut être sûr que Constantin n'accueillait pas favorablement les requêtes à fin d'adrogation, qui pouvaient rendre vaines ses mesures contre les enfants naturels. Seulement tous ses successeurs ne durent pas imiter sa prudence et son rigorisme, et, en effet, Anastase déclara que les enfants de la concubine adrogés par leur père jouiraient de tous les droits attachés à la qualité d'enfants nés de justes noces (loi 6, *De nat. lib.*, Cod.). Justin, qui réagit contre les tendances d'Anastase, confirma cependant pour le passé la constitution de ce prince, mais décida qu'à l'avenir ces sortes d'adrogations ne pourraient plus avoir lieu (loi 7, *De nat. lib.*, Cod.).

Il était certainement dans l'esprit du christianisme de vouloir que l'homme ne soumît pas à une humiliante infériorité la femme qu'il choisissait pour compagne. Le concubinat ne pouvait donc pas être favorisé par les empereurs chrétiens ; tous s'efforceront donc de le faire disparaître. Constantin lui portera les premiers coups, avec toute l'ardeur de ses convictions nouvelles et tout l'emportement de ses instincts natifs. Il attaquera l'institution d'Auguste; mais, par une sorte d'aberration mentale, il frappera moins ceux qui contractent une de ces unions dorénavant illégitimes que les innocents produits de rapports disgraciés. Et, remarquons-le, ses successeurs feront plus ou moins preuve de la même inconséquence, selon que le sens moral sera plus ou moins exquis, plus ou moins développé chez eux.

Constantin (nous l'avons vu) assimila, pour ainsi dire, à des *spurii* les enfants qui, à l'avenir, pourraient naître du concubinat. Quant à ceux qui étaient déjà nés, il permit à leur père de leur assurer les mêmes avantages qu'aux enfants nés de justes noces, pourvu qu'il épousât la concubine dont il les avait eus, et qu'il n'eût pas de descendants d'un précédent mariage. Il créa ce qu'on appelle la *légitimation par mariage subséquent*. Légitimation est le mot propre, car, à dater de ce jour, le concubinat n'est plus une union légale, et les enfants qui en proviennent ne sont plus, en naissant, des *legitimi liberi ;* ils ne sont plus que des *naturales liberi,* nés d'une *licita consuetudo.*

Mais cette légitimation ne pouvait s'appliquer à tous les enfants nés des concubines : les anciennes prohibitions au mariage fondées sur l'inégalité de condition n'avaient pas disparu, et, de plus, Constantin ne permettait de légitimer que les enfants de concubines ingénues; l'auguste néophyte n'était pas encore assez pénétré des charitables principes du christianisme pour s'intéresser à des êtres dans les veines desquels coulait le sang d'une ancienne esclave. Ajoutons que sa constitution n'était que transitoire, et ne concernait que les enfants actuellement nés (lois 1 et 5; *De nat. lib.*, Cod.). Logique elle était en cela, car si les citoyens avaient eu la certitude de pouvoir légitimer leurs enfants naturels, ils auraient souvent commencé par prendre une concubine, sauf à élever ensuite celle-ci au rang d'*uxor*, dans le cas où leur concubinat aurait été prolifique.

Elle n'eut pas les effets qu'en attendait son auteur : les Romains endurcis persistèrent à s'abstenir de justes noces, et elle n'aboutit finalement qu'à aggraver la position des enfants naturels sans diminuer le nombre de ceux-ci.

Depuis Constantin jusqu'au règne de Théodose II et de Valentinien III, les enfants naturels ne purent d'aucune manière faire partie de la famille de leur père. En fait, leur adrogation était impossible ; en droit, leur légitimation n'avait été permise qu'un instant. Théodose II et Valentinien III, mus par le besoin de remplir les caisses du fisc, plutôt que par le désir de réhabiliter les enfants naturels, permirent au père d'acquérir la *patria potestas* sur ces enfants en les offrant à la curie (loi 3, *De nat. lib.*, Cod.).

Quelques années après, Léon et Anthémius, perfectionnant au point de vue fiscal le système de la légitimation par oblation à la curie, enlevèrent aux enfants ainsi légitimés le droit de refuser les donations ou les legs qui leur seraient faits, et de répudier les successions qui pourraient leur échoir ; ils les rivèrent indissolublement à la curie eux et leurs enfants, le tout pour le plus grand bien du trésor impérial (loi 4, *De nat. lib.*, Cod.).

Le nouveau mode de légitimation, introduit par Valentinien III et Théodose II, ne réduisit pas sensiblement le chiffre des enfants naturels; aussi, en 476, l'empereur Zénon (loi 5, *De nat. lib.*, Cod.) renouvela-t-il la tentative qui avait si peu réussi à Constantin. Il rétablit la légitimation par mariage subséquent pour les enfants déjà nés, spécifiant toutefois qu'elle ne s'appliquerait pas aux enfants naturels à naître. Son édit n'eut sans doute pas grand succès, puisque Anastase remit en honneur un vieux procédé que depuis près de deux siècles on laissait dans l'oubli, et manifesta solennellement l'intention où il était de consacrer l'adrogation des enfants naturels quand le père, qui s'adresserait à lui, n'aurait pas d'enfants légitimes (loi 6, *De nat. lib.*, Cod.).

Son successeur immédiat, Justin, s'empressa d'abroger ces dispositions (loi 7, *De nat. lib.*, Cod.). Il pensait évidemment que les pères, ne pouvant plus par voie d'adrogation légitimer leurs enfants, se décideraient à les offrir à la curie. Nous ne pouvons prendre le change sur ses motifs. Il a beau s'écrier « que le mariage légitime pourra seul désormais donner aux citoyens le titre de père ; qu'il est indigne et impie de demander à des unions honteuses un titre aussi respectable ; que ce titre doit être exclusivement accordé par la loi aux gens vertueux qui le méritent, » nous ne sommes pas dupes de ce langage. Justin ne laisse-t-il pas subsister la légitimation par oblation à la curie? Et la moralité des riches qui peuvent y recourir est-elle supérieure à celle des pauvres, qui sollicitaient de la bienveillance impériale la faveur d'adroger leurs enfants ?

A Justinien seul revient le mérite d'avoir réellement amélioré la position des enfants naturels. « Nos enim, dit-il quelque part, duplex habuimus studium, et plurimos in libertatem perducere homines ex priore servitute, et ex naturalibus ad legitimos elevare » (Nov. 89, *Préface*). En conséquence, il fit revivre ou consacra d'anciens modes de légitimation, en établit de nouveaux, et ne négligea rien pour exciter les parents à y recourir. Suivant quelques commentateurs, il reconnut quatre manières de légitimer les enfants naturels ; trois, suivant d'autres. J'adopte, avec le plus grand nombre de jurisconsultes, ce dernier chiffre, et je dis qu'on put, sous Justinien, légitimer les enfants nés du concubinat : 1° par mariage subséquent ; 2° par rescrit du prince ; 3° par oblation à la curie.

Le quatrième mode de légitimation aurait été le testament. Lorsque le père d'enfants naturels ne les avait pas légitimés de son vivant, et qu'il manifestait, dans l'acte de ses dernières volontés, le désir de les avoir pour légitimes, ces enfants pouvaient s'adresser à l'empereur et obtenir de lui un rescrit de légitimation. Mais il n'y a pas là, en réalité, un mode de légitimation particulier, il n'y a qu'une variété de la légitimation *per rescriptum principis*, car ce n'est pas le testament qui légitime, c'est la décision impériale.

Le fait par le père naturel d'avoir, dans un acte public, donné à son enfant la qualification de fils, aurait eu pour conséquence, selon quelques-uns, de le légitimer. C'est là une opinion à laquelle je ne me rattache pas. Voët a dit avec raison que l'énonciation émanée du père établit une présomption en faveur du mariage et en faveur de la légitimité des enfants, mais qu'elle n'est pas un moyen de légitimation. Elle ne prévaut pas sur la vérité. Tout simplement, le père affirme que la mère de ses enfants avait qualité d'*uxor*.

Justinien emprunta l'idée de la légitimation par mariage subséquent à la constitution de Constantin et à celle de Zénon, que j'ai mentionnées plus haut. Sa disposition ne fut plus transitoire, comme celles de ces empereurs ; il permit à tout homme, qui dorénavant épouserait sa concubine, de légitimer de la sorte les enfants qu'il aurait eus d'elle, et cela dans le cas même où il aurait des enfants d'un précédent mariage (Nov. 12, ch. IV, et Nov. 89, ch. VIII). Voët attribue à Anastase cette importante réforme; il s'appuie sur les termes assez vagues de la constitution de l'an 508. Mais cette constitution ne s'applique qu'à l'adrogation des enfants naturels, et la preuve de l'erreur de Voët nous est fournie par Justinien lui-même, qui, dans la Novelle 89, se vante d'avoir introduit la légitimation *per subsequens matrimonium*.

Plus avisé en cela que ses prédécesseurs, mieux inspiré que Constantin et que Zénon, Justinien, comprenant enfin qu'il était indispensable de pouvoir épouser la mère pour légitimer par mariage subséquent les enfants qu'on avait d'elle, supprima les empêchements au mariage fondés sur l'inégalité de condition et sur l'état d'abjection de la femme (Nov. 117, ch. VI). Justin n'avait, en permettant d'épouser les comédiennes qui renonceraient au théâtre, fait encore disparaître qu'une des anciennes prohibitions.

L'époux de Théodora admit la légitimation des enfants nés de toute espèce de femmes. Il ne s'inquiéta plus du passé de la mère, et c'est ce qui a permis à Angelus de Ubaldis de résoudre affirmativement et avec grande apparence de raison la question : si l'homme, qui avait pris pour concubine une femme souillée par un adultère, et qui avait eu d'elle des enfants, pouvait les légitimer en épousant leur mère. En effet, dit-il, on peut avoir en concubinat une femme coupable d'adultère; on peut, sous Justinien, légitimer par mariage subséquent tous les enfants nés du concubinat, et cela est exclusivement dans leur intérêt; donc il a dû devenir possible d'épouser, en vue de la légitimation, une femme qui aurait commis un adultère (Ang. de Ubald., *Consil.*, 20).

Dans tous les textes où il est question de la légitimation par mariage subséquent, on paraît requérir la rédaction d'*instrumenta dotalia*. Doneau néanmoins ne considère pas cette rédaction comme indispensable, et il pense que, si elle n'a pas eu lieu, les enfants, dont les parents se sont épousés, n'en deviendront pas moins légitimes; car, dit-il, la légitimation est le résultat du mariage et non d'un écrit relatant les conventions matrimoniales (Don., liv. II, ch. XXI).

Vinnius, au contraire, regarde la légitimation comme résultant encore plus de la loi que du mariage lui-même ; et puisque, dit-il, la loi 10, *De natur. liber.*, au Code, semble exiger la rédaction d'*instrumenta,* on doit décider que la légitimation ne s'accomplira pas, si les *instrumenta dotalia* n'ont pas été dressés (Vinn., liv. I, tit. x, § 13). Ce raisonnement n'est pas sans valeur ; certaines expressions de Justinien, et particulièrement celles qu'il emploie dans la Novelle 12, lui prêtent une nouvelle force. Aussi me rangé-je à l'avis de Vinnius. Mais c'est presque à regret, et uniquement parce que les procédés d'interprétation littérale sont éminemment romains. En pure logique, l'opinion de Donean serait préférable. Qu'a voulu en effet Justinien? Des γαμίκα συμβολάια, comme il le dit lui-même. Pourvu qu'aucun doute ne pût s'élever sur la conversion du concubinat en de justes noces, l'esprit de la loi ne serait-il pas respecté, et n'est-il pas étrange qu'une *ductio domum,* pratiquée avec un éclat presque affecté, ne vaille point la rédaction à huis clos d'un *instrumentum dotale* insignifiant?

Les enfants naturels n'étaient pas légitimés malgré eux ; ils ne pouvaient, sans y consentir, être soumis à la *patria potestas.* Du reste, rien n'empêchait les uns d'accepter, les autres de repousser la légitimation qui leur était offerte ; c'est ce que, dans sa Novelle 89, chap. I, Justinien nous apprend.

Enfin, pour que la légitimation fût possible, il fallait que les enfants fussent nés d'une femme que leur père eût pu prendre comme *uxor,* bien qu'il ne l'eût prise que comme concubine. Mais elles n'abondent pas, sous Justinien, ces femmes qu'on eût le droit de prendre comme concubines et qu'il fût défendu d'épouser. Si l'on excepte la femme qui appartient à la province où l'homme qui veut se l'attacher exerce des fonctions publiques, nous n'en voyons aucune qu'on ne puisse indifféremment avoir à titre de concubine ou à titre d'*uxor.* Ce fait n'a point frappé les auteurs ; aussi expliquent-ils couramment la pensée de Justinien, en disant qu'il a voulu prohiber la légitimation des enfants nés d'un commerce adultérin ou incestueux.

C'est commode, mais c'est bien négligé ! On ne peut légitimer que les enfants nés d'une concubine, or on ne peut avoir pour concubine une femme avec laquelle on serait en état d'adultère ou d'inceste.

Que Covarruvias et Fachineus, que Péreze et Sarmient, qui

accommodaient les textes romains aux données du droit canonique, et qui écrivaient à une époque où les *spurii* pouvaient être légitimés, aient adapté la restriction faite par Justinien au cas d'inceste ou d'adultère, il n'y a là rien à reprendre. Mais que des commentateurs, traitant de pur droit romain, aient pu paraître croire à des enfants adultérins ou incestueux nés d'un concubinat, cela nous surprend.

Néanmoins une question longuement traitée par Pérèze, et qui est relative à la détermination du moment où il faut se placer pour savoir si un enfant est ou n'est pas de ceux qu'on puisse légitimer par mariage subséquent, a son intérêt pour nous, comme elle avait son importance pour Pérèze.

Covarruvias, cité par ce jurisconsulte, voulait qu'on se plaçât au moment de la naissance ; car, en définitive, disait-il, il s'agit de se prononcer sur l'état des enfants, et aux termes d'une constitution de Justinien, lorsqu'il y a doute sur l'état des enfants, on doit se reporter au temps de l'accouchement et non à celui de la conception. « Semper in quæstionibus, in quibus de statu liberorum est dubitatio, non conceptionis, sed partus tempus inspiciatur. » (Loi 11, Cod., *De nat. lib.*)

Fachineus partage l'opinion de Covarruvias (liv. III, ch. L, de ses *Controversiæ*).

Sarmient, au contraire, dont l'avis est suivi par Pérèze, pense que c'est au moment de la conception qu'il faut se reporter (Sarmient, liv. I, *Select.*, ch. v, n° 10. — Pérèze, liv. V, tit. XXVII, Cod.). Il tire argument d'un fragment des Réponses de Paul, rapporté au Digeste. Dans son système, s'il n'y a pas eu d'empêchement au mariage entre le père et la mère à l'époque de la conception des enfants, ceux-ci pourront être légitimés par le mariage subséquent. Si un empêchement existait lorsqu'ils ont été conçus, leur légitimation sera impossible, encore qu'il n'existât plus au moment de la naissance.

Pour se mettre complétement d'accord, il eût peut-être suffi à ces jurisconsultes de lire jusqu'au bout la constitution du 15 des Kalendes d'avril de l'an 530, invoquée par Covarruvias. Ils y eussent trouvé une solution dont je compte me prévaloir, et qui, favorable à la légitimation, est en même temps conforme au principe d'après lequel l'enfant conçu est réputé né, toutes les fois que cette fiction peut lui procurer quelque avantage, et non quand elle peut lui être désavantageuse. Dans cette constitution, Justinien dit, et Covarruvias le remarque, que, lorsqu'il y aura doute sur l'état des enfants, on se reportera non pas à l'époque de leur conception, mais à celle de leur naissance : *non conceptionis tempus sed partus inspiciatur*. Mais il ajoute : *Hoc favore facimus liberorum*, c'est dans l'intérêt des enfants que nous décidons ainsi ; en conséquence, notre règle cessera de s'appliquer lorsqu'il pourra être utile à ces enfants qu'on se reporte à l'époque de la conception, *in his casibus, in quibus conceptionem approbari infantium conditionis utilitas expostulat*. De là, j'arrive logiquement à décider qu'on se placera, avec Sarmient et Pérèze, à l'époque de la conception dans les cas où cela sera profitable aux enfants, et, avec Covarruvias et Fachineus, à celle de la naissance toutes les fois que ces enfants y auront quelque avantage.

Ainsi un citoyen romain habite une province de l'empire, il y a pris une concubine, et cette concubine est enceinte au moment où il est appelé dans cette province à une fonction importante. Cette femme, qu'il a gardée près de lui, accouche durant sa magistrature. A l'époque de l'accouchement il n'eût certainement pu la prendre pour *uxor*, mais il ne lui était pas interdit de l'épouser au temps de la conception. Quand plus tard il ne sera plus fonctionnaire, il pourra, en épousant sa concubine, légitimer l'enfant qu'il a eu d'elle, car nous sommes dans un de ces cas *in quibus conceptionem magis approbari infantium conditionis utilitas expostulat*.

Autre hypothèse : Le gouverneur d'une province a choisi une concubine parmi ses administrées. Elle devient enceinte. Avant qu'elle soit accouchée, il se démet de ses fonctions ou en est destitué, puis la femme accouche. A l'époque de la conception il n'eût pu l'épouser, il le peut à l'époque de l'accouchement; il pourra donc, si bon lui semble, par mariage subséquent légitimer leur enfant, car nous sommes dans un cas où *non conceptionis sed partus tempus inspicitur, et hoc favore liberorum*.

Si le magistrat, que je viens de supposer, avait encore été en fonction au moment de l'accouchement, il n'eût jamais pu légitimer son enfant par mariage subséquent, car, ni à l'époque de la conception, ni à l'époque de la naissance, il ne se fût trouvé dans la condition de pouvoir épouser la mère.

L'enfant conçu, ou né dans des circonstances qui permettent sa légitimation ultérieure, perdrait-il son aptitude à être légitimé, par le fait qu'un empêchement temporaire aurait mis obstacle au mariage du père et de la mère dont il est issu?

Lucius Titius a eu un fils de Mœvia sa concubine; il a épousé ensuite une autre femme que celle-ci; puis cette union venant à se dissoudre, il est retourné à Mœvia et en a fait son *uxor*. Ce mariage avec Mœvia légitimera-t-il le fils qu'il a eu d'elle autrefois?

Si des auteurs ont pu, comme le prétend Bachovius, soutenir la négative, ils n'ont pas dû obtenir grand crédit. Quant à lui, il ne met pas en doute la validité de la légitimation, mais il croit que les enfants, ainsi légitimés, ne seront considérés comme nés qu'à partir du mariage auquel ils doivent leur légitimation. Si donc le père avait dit dans son testament : Je lègue tel objet à mon fils aîné, cet objet irait au fils de la première épouse, bien qu'en fait il soit le puîné des enfants de l'ancienne concubine.

Dans une autre opinion que Voët professe, les enfants nés du concubinat peuvent aussi être légitimés par le mariage de leurs parents, mais on ne les fait pas entrer dans la famille paternelle au second rang seulement et à la suite des enfants nés de l'union qui s'est intercalée entre leur naissance et leur légitimation (Voët, liv. XXV, tit. VII).

Bachovius repousse cette opinion qu'il trouve rigoureuse pour les enfants nés de la première épouse, et qui a pour effet, dit-il, d'enlever à ces enfants des droits acquis (Reinhardi Bachov. *Notæ et animadversiones ad Disputationes Treutleri*, vol. I, disp. 2, thès. 7).

Mais est-il vrai qu'en droit romain des enfants aient un droit acquis à ce que leur père n'ajoute pas de nouveaux membres à sa famille? Lucius Titius, cité dans l'exemple que nous avons pris tout à l'heure, n'aurait-il pu adopter un étranger beaucoup plus âgé que le plus âgé de ses enfants nés de justes noces, et alors le legs qu'il eût fait à l'aîné de ses enfants n'eût-il pas appartenu à cet adopté? Aussi, partageons-nous le sentiment de Voët, et croyons-nous que la légitimation par mariage subséquent fait disparaître toute différence entre les enfants de la concubine dont on fait aujourd'hui une *uxor*, et ceux de la femme qu'on a épousée autrefois; il n'existe plus que des enfants légitimes ayant les mêmes droits, et chacun l'âge que la nature lui donne.

Un homme, ayant un fils naturel et un petit-fils naturel qui soit le fils légitime du fils naturel, peut-il, après la mort de son fils naturel, en épousant la concubine dont il a eu ce fils, légitimer son petit-fils?

Question intéressante et délicate!

Pour la négative, on dit que la légitimation repose sur le fils qui sert de trait-d'union entre l'aïeul et les petits-enfants; que, s'il vient à disparaître avant que par lui les petits-enfants soient rattachés à leur aïeul, ceux-ci ne pourront pas profiter du mariage de leur grand'père naturel avec la mère de leur père; enfin que les constitutions relatives à la matière ne parlent que de la légitimation des enfants de la concubine. Ce sont là les arguments de Vinnius (liv. I, tit. x, § 13) et de Bachovius (*Not. et animadv. ad Disput. Treutler.*, vol. I, thès. 7, disp. 2).

Pour l'affirmative, on fait observer que les textes, relatifs à la légitimation par mariage subséquent, emploient au contraire l'expression générale de *liberi;* que cette expression comprend tous les descendants : « Liberorum appellatione, dit Callistrate (dans le fragm. 220, *De verbor. signific.*, Dig.), nepotes et pronepotes, cæterique qui ex his descendunt continentur; » que le mariage subséquent avec la concubine est réputé avoir eu lieu, au moment où l'on se mettait en concubinat avec elle; que, par suite de cette fiction, l'enfant qu'elle a eu ayant toujours été légitime, le petit-fils sera censé l'avoir toujours été aussi. En faveur de cette opinion, on peut encore invoquer les considérations suivantes, présentées par Voët : Il est permis d'adopter une personne comme petit-fils, même quand on n'aurait jamais eu de fils : on le suppose alors né d'un fils prédécédé. Un texte de Paul (fragm. 5, *De gradibus et aff.*, Dig.), où l'on voit que, si un chef de famille après avoir perdu son fils adopte quelqu'un, l'adopté sera considéré comme le frère du défunt, prouve bien d'ailleurs que l'existence d'une personne n'est pas nécessaire pour établir même, par rapport à elle, des liens purement civils.

Je penche vers cette dernière opinion; elle est favorable aux enfants naturels et elle ne me paraît ni contraire à la morale, ni en opposition aux principes qui ont inspiré Justinien. Il est bien entendu que le fils naturel d'un enfant naturel, qui lui-même n'a pas épousé sa concubine, ne pourrait être légitimé par le mariage subséquent de l'aïeul avec la concubine, dont est né le père de cet enfant.

Les enfants légitimés par mariage subséquent faisaient partie de la famille de leur père ; ils étaient complétement assimilés aux enfants nés d'un *matrimonium justum*, jouissaient des mêmes droits que ces derniers ; comme eux, ils succédaient à leur père et à tous les parents paternels.

La légitimation par mariage subséquent suppose une femme que le père des enfants nés du concubinat puisse épouser. Mais quand cette femme n'existait plus, ou quand il était légalement ou moralement impossible au père d'en faire son épouse, il pouvait s'adresser à l'empereur, et obtenir de lui un rescrit qui prononçait la légitimation. Ce mode de légitimation *per principis rescriptum* est dû à Justinien ; non pas qu'il n'y ait eu, antérieurement à ce prince, des précédents qui ont pu et dû le guider : il y en a de très-certains, mais ils sont rares. On trouve, au Digeste (fragm. 57, § 1, *De rit. nupt.*), un rescrit très-curieux de Marc-Aurèle et de Lucius Vérus qui confèrent à des enfants nés d'une nièce et de son oncle maternel la qualité d'enfants nés de justes noces. Néanmoins, c'est Justinien qui fit du rescrit impérial un moyen permanent et usuel de légitimation.

Sous la triple condition que les enfants naturels consentiront à être légitimés, qu'ils seront nés d'une femme libre au moins à l'époque de l'accouchement, et que leur père n'aura pas actuellement d'enfants d'un *matrimonium justum*, cette légitimation pourra s'accomplir (Nov. 89, ch. IX et XI). Voët inclinerait même à croire que, dans le cas où il y aurait des enfants légitimes, l'enfant né du concubinat pourrait être légitimé, sauf à n'avoir aucun droit héréditaire au détriment des *liberi justi* déjà nés. L'opinion de Voët, dont l'intérêt n'est que moral, semble peu conciliable avec la Novelle de Justinien : « La légitimation des enfants naturels par rescrit impérial est possible, mais, *ita si pater non habuerit legitimam prolem.* »

Lorsque le père des enfants naturels ne les avait pas légitimés de son vivant, et que cependant il avait exprimé dans son testament le désir qu'ils le fussent, ces enfants pouvaient, si le défunt n'avait pas laissé d'enfants légitimes, s'adresser aussi à l'empereur et obtenir de lui un rescrit de légitimation (Nov. 89, ch. x).

La légitimation *per rescriptum principis*, comme la légitimation par mariage subséquent, avait pour effet de donner à l'enfant tous les droits d'un enfant légitime, tant à l'égard du père qu'à l'égard des parents de celui-ci. Il n'était pas nécessaire d'obtenir le consentement de ces derniers, et en effet, s'il leur déplaisait que l'enfant légitimé eût, par rapport à eux, les avantages résultants pour lui de la légitimation, une ligne de leur testament pouvait les lui enlever.

Des légitimations la moins favorable aux enfants était celle qu'avaient créée Théodose II et Valentinien III, et qui résultait de l'oblation à la curie. Justinien la maintint et lui donna des règles définitives. Il l'appliqua non-seulement aux enfants nés du *concubinatus*, mais même aux *spurii*, même aux *nati ex ancilla!* On sait dans quel but elle avait été établie. La curie était accablée sous le poids des plus lourdes charges : elle devait assurer la perception de l'impôt, et chacun de ses membres était personnellement responsable envers le trésor du déficit qui pouvait exister. On avait bien attaché quelques priviléges au titre de *curialis*, mais ces priviléges ne compensaient pas les inconvénients de la position, aussi était-elle peu enviée; elle finit même par devenir intolérable, et sous le Bas-Empire les citoyens faisaient des efforts, non moins désespérés que vains, pour tâcher de s'y soustraire. Ils y restaient maintenus jusqu'à extinction de fortune; mais comme leur ruine était inévitable, des vides se faisaient dans la curie, et ces vides ne se comblaient pas. Pour les remplir, Théodose II et Valentinien III déclarèrent que tout citoyen, curial ou non, qui offrirait son fils naturel à la curie, et par suite donnerait à ce fils vingt-cinq *jugera* de terre, acquerrait sur lui la *patria potestas*.

L'oblation devait se faire à la curie de la ville où le père était né, ou à celle de la ville dont relevait le lieu de sa résidence. S'il était né à Rome ou à Constantinople, il pouvait choisir la curie de toute ville métropolitaine. Le père, qui n'avait pas d'enfants légitimes, pouvait seul légitimer ses enfants naturels en les soumettant aux charges municipales. Justinien fit disparaître toute restriction de ce genre : il rendit la légitimation possible non-seulement au père, mais à l'aïeul et à tout autre ascendant, même lorsqu'il y aurait des descendants légitimes (Nov. 89, ch. II, §§ 1 et 2). Libre à celui qui avait plusieurs enfants, ou descendants naturels, de n'en annexer qu'un seul, ou quelques-uns à l'ordre des curiaux (loi 3, *De nat. lib.*, Cod.), mais alors il n'acquérait la *patria potestas* que sur celui ou ceux qu'il avait offerts. La dignité, dont le fils naturel pouvait être revêtu, ne faisait pas obstacle à l'oblation, à moins que cette dignité ne fût de celles qui dispensent des charges municipales.

Aucune forme n'était imposée au père pour faire de ses fils des curiaux, et ainsi les légitimer. On n'exigeait qu'une chose : leur adhésion au projet paternel. Une fois leur adhésion donnée, ils ne pouvaient revenir sur ce qui avait eu lieu. Et si, par hasard, préférant leur qualité d'enfants naturels aux ennuis de la curie, ils répudiaient les libéralités entre-vifs ou testamentaires, qu'en vue de leur légitimation le père leur avait faites, ils devaient bien se garder de détourner quoi que ce soit des biens paternels, car on les considérait comme curiaux malgré leurs refus et protestations, dès qu'on les trouvait nantis du moindre objet qui eût appartenu à leur père.

Enfin les enfants naturels, quand ils n'avaient pas de frères légitimes, pouvaient, après la mort de leur père, s'offrir eux-mêmes à la curie (Nov. 89, ch. II, § 1).

« Une chose particulière à la légitimation par oblation à la curie, dit M. Ortolan, c'est que l'enfant, quoiqu'il passât sous la puissance du père, n'acquérait de droits que par rapport à ce dernier ; de telle sorte qu'on peut dire qu'il n'entrait pas dans la famille, chose qui eût été inconciliable avec les principes de l'ancien droit, car on ne pouvait être sous la puissance du père sans être dans sa famille. » L'enfant ainsi légitimé n'avait donc aucun droit sur les biens des parents de son père, et réciproquement ces personnes n'en avaient aucun sur les siens (loi 9, *De nat.*, Cod., et Nov. 8, ch. IV). En somme, il n'était légitime que par rapport à son père, il avait comme tel des droits à sa succession, pouvait recevoir de lui des libéralités testamentaires ; sauf pourtant s'il se trouvait en concours avec des enfants légitimes, à ne jamais recueillir qu'une part égale à celle de l'enfant légitime le moins prenant.

J'ai dit que l'enfant légitimé par oblation à la curie n'avait aucun droit sur les biens des parents de son père. Je pense néanmoins, monsieur, et vous penserez probablement comme moi, que, s'il était né du concubinat, sa légitimation ne devait pas lui enlever son aptitude à la *bonorum possessio unde cognati*.

Justinien, qui ne perd pas de vue les intérêts du trésor, engage, dans sa Novelle 89, le père qui n'a pas d'enfants légitimes, à laisser toute sa succession à ses enfants naturels, lorsqu'il les offre à la curie par son testament. Puis, craignant sans doute que son conseil ne soit point suivi, il leur attribue de sa propre autorité les trois quarts des biens paternels. Institués pour une moindre part, ces enfants auront une action en supplément. Les neuf onces réservées ne profitaient qu'à ceux d'entre eux qui consentaient à devenir curiaux, et si tous refusaient de le devenir, elles passaient à la curie.

Dans le cas où le père mourait intestat, sans avoir fait aucune oblation de ses enfants naturels à la curie, et sans laisser d'enfants nés de *justæ nuptiæ*, l'empereur n'hésita pas à laisser prendre par les enfants nés du concubinat, qui s'offriraient d'eux-mêmes aux charges municipales, les trois quarts de la succession du père.

Les enfants, que le fils naturel devenu curial avait eus postérieurement à sa légitimation, succédaient de plein droit aux biens, aux charges et aux dignités de leur père ; quant à ceux qu'il avait eus auparavant, ils étaient sur le même pied que ceux-ci, lorsqu'ils consentaient à faire partie de la curie ; lorsqu'ils n'y consentaient pas, ils ne prenaient que le quart de ce qu'ils eussent eu dans le cas contraire : le reste appartenait à ceux de leurs frères qui étaient curiaux, et subsidiairement à la curie (Nov. 89, ch. VI).

En mariant sa fille naturelle à un *curialis*, le père pouvait aussi la légitimer (loi 3, *De natur. lib.*, Cod., et Nov. 89, ch. III).

On voit, par tout ce qui précède, la différence qu'il y avait entre les diverses espèces de légitimation. Les deux premières faisaient du légitimé un véritable enfant légitime, celle par oblation à la curie ne le légitimait qu'à l'égard du père. Par l'oblation à la curie et le mariage subséquent on pouvait légitimer ses enfants naturels, même lorsqu'on avait des enfants légitimes; par rescrit du prince on ne le pouvait pas. Enfin, l'enfant légitimé par oblation à la curie ne pouvait, si son père avait des enfants légitimes, recevoir de lui qu'une part égale à celle de l'enfant légitime le moins prenant. Les enfants légitimés par les deux autres modes pouvaient recevoir tout ce qu'il plaisait au père de leur donner.

La législation de Justinien sur les enfants nés du concubinat dura près de trois siècles et demi, et ne fut modifiée que tout à la fin du neuvième siècle par Léon VI le Philosophe.

Ce philosophe abolit le concubinat. A partir de sa Novelle 91, les enfants *ex concubinatu quæsiti* et ceux nés d'unions criminelles et passagères sont confondus; il n'y a plus, en dehors des enfants nés de justes noces, que des *vulgo concepti*, régis par une législation vraiment barbare.

Le concubinat, tant qu'il fut licite, et les *justæ nuptiæ* ne pouvaient s'établir qu'entre personnes libres.

Entre esclaves, l'union que les Romains avaient reconnue et qualifiée était le *contubernium*. Le *matrimonium*, c'est-à-dire la *maris ac feminæ conjunctio*, étant de droit naturel, il n'est pas étonnant que les esclaves aient eu aussi leur mariage valable. Seulement, pour qu'il produisît les conséquences juridiques peu nombreuses que nous énumérerons bientôt, fallait-il que le maître l'eût autorisé? Voilà, monsieur, une question que je résoudrais volontiers par l'affirmative, mais pour la solution de laquelle je suis privé de tout document. Un point, selon moi incontestable, c'est que, si le *contubernium* avait dû s'établir entre esclaves appartenant à des maîtres différents, le consentement des deux maîtres eût été nécessaire; sans cela, il eût pu naître, au profit de l'un ou de l'autre, des actions noxales *legis Aquiliæ*, ou *de servo corrupto*.

La continuité et la stabilité du *contubernium* ne permettaient pas de l'assimiler à ces relations passagères, fugitives comme le caprice, et connues sous le nom de *stuprum* et de *fornicatio*. Jamais on n'a dit qu'un homme et une femme esclaves, vivant ensemble d'une manière permanente, fussent en état de *stuprum*.

Les enfants qui naissaient du *contubernium* étaient esclaves comme leurs parents, et appartenaient au maître de la mère.

Aux unions régulières entre esclaves, le droit civil, ai-je dit, accordait quelques effets. Ainsi, la parenté résultant du *contubernium* était une cause d'empêchement au mariage : « Illud certum est serviles quoque cognationes impedimento nuptiis esse, si forte pater et filia aut frater et soror manumissi fuerint. » (Inst., liv. I, tit. x, § 10 ; fragm. 14, § 2, *De rit. nupt.*, Dig.) Si père et enfants venaient à être affranchis, ceux-ci ne pouvaient pratiquer contre le premier une *in jus vocatio* sans l'autorisation préalable du magistrat, absolument comme s'ils étaient nés d'un *matrimonium justum* ou d'un concubinat (fragm. 4, §§ 3 et 6, *De in jus voc.*, Dig.).

On n'aurait pas donné le nom de *contubernium* aux rapports accidentels qu'un esclave eût pu avoir avec une femme esclave : ils n'eussent été qu'une *fornicatio*. Mais on désignait fort bien sous le nom de *contubernium* l'état d'union continue d'un homme libre avec son esclave. Cette union produisait les mêmes effets que celle entre deux esclaves. Les enfants qui en naissaient suivaient la condition de leur mère, et comme elle, étaient esclaves. Ils furent cependant compris par Justinien au nombre des enfants dont la légitimation était possible soit par oblation à la curie, soit par mariage subséquent (Nov. 18, ch. XI). Le maître n'avait qu'à affranchir sa *contubernalis* et les enfants issus d'elle, pour pouvoir à son choix légitimer ceux-ci en les offrant à la curie, ou en épousant leur mère. Le seul mode de légitimation qui restât inapplicable aux enfants dont il s'agit, était la légitimation *per principis rescriptum*. L'empereur avait en effet expressément déclaré que ce mode ne pourrait s'employer que pour légitimer les enfants nés d'une femme libre.

Par analogie, j'admettrai facilement qu'un esclave devenu libre eût pu légitimer ses enfants affranchis comme lui soit en en faisant des curiaux, soit en épousant leur mère, son ancienne *contubernalis*, elle aussi actuellement libre de la *dominica potestas*.

Mais si cet ancien esclave, au lieu de devoir à une *ancilla* les enfants qu'il voulait légitimer, les avait eus avant son affranchissement de la femme à laquelle il appartenait, pourrait-il acquérir sur eux la *patria potestas* en épousant plus tard cette femme, ou en les offrant à la curie ? Je répondrai hardiment que non. Les rapports d'une femme avec son esclave ont toujours paru monstrueux aux Romains. C'est pour eux un fait hors nature : ils ne peuvent se prêter à reconnaître l'esclave de la mère comme père de l'enfant. Sous Constantin, ces relations, de tout temps odieuses, deviennent criminelles. Elles ne cessent pas de l'être sous Justinien ; cet empereur n'a donc pu permettre d'en légitimer les produits.

Quelquefois dans les textes, l'esclave dont un homme libre fait sa compagne, est appelée *concubina* (fragm. 38, *De reb. auct.* ; fragm. 8, *De pign. et hyp.*, Dig. ; loi 3, *Comm. de man.*, Cod.). Mais cette dénomination est impropre et abusive ; la concubine doit être libre ; et Cujas dit avec raison que la femme esclave qui vit, soit avec un homme libre, soit avec un esclave, doit être appelée *contubernalis*.

Dans le *contubernium* il peut encore moins être question de dot que dans le concubinat. Les infractions à la fidélité conjugale entre personnes vivant en *contubernium* n'étaient l'objet d'aucune répression; la loi Julia *De adulteriis* ne concernait que les *uxores* et que les concubines, *quæ in concubinatu se dando, matronæ nomen non amiserunt*.

Les relations qui s'établissaient entre une femme libre et son esclave étaient, avons-nous dit, très-mal vues ; elles constituaient un *stuprum* des plus énergiquement réprimés, et n'échappaient pas à toute répression légale, comme y échappaient beaucoup d'autres unions illicites qui sont appelées *fornicationes*.

La *fornicatio* est définie par Voët : « Concubitus cum inhonesta femina, corpore quæstum faciente. » (Voët, liv. XLVIII, tit. v.) Elle ne se commet qu'avec des femmes éhontées, trafiquant de leurs faveurs.

Ces femmes vénales étaient généralement désignées sous les noms de *meretrices, amicæ, scorta, focariæ ;* toutes étaient notées d'infamie. Cependant alors comme aujourd'hui, le mépris leur était distribué à doses différentes ; et la coûteuse et pimpante *amica* se mettait elle-même bien au-dessus de la *focaria* débraillée. Les plus dédaignées étaient évidemment celles que les Romains désignaient par l'expression de *scorta ;* les moins conspuées, celles qu'ils décoraient du nom gracieux d'*amicæ*. Au fond, femmes entretenues, courtisanes, filles publiques, femmes à soldats, elles n'étaient toutes que des *meretrices*.

Comme telles, elles se trouvaient autrefois dans la catégorie des femmes qu'on ne pouvait épouser. Ce fut Justinien qui leur permit d'aspirer au titre d'*uxores*. Auparavant, elles étaient naturellement soumises à toutes les incapacités prononcées par les lois Julia et Papia Poppœa contre les *cœlibes*, à moins pourtant qu'elles ne parvinssent à devenir la concubine de quelqu'un de leurs admirateurs. Quand elles étaient arrivées à leurs fins, elles cessaient d'être *cœlibes*, et les enfants qu'elles avaient pu avoir leur servaient pour le *jus capiendi ex testamento*. Toujours, du reste, pour le *jus liberorum*, les enfants leur étaient comptés.

Si les courtisanes qui ne renonçaient pas à leur genre de vie, ne pouvaient *capere ex testamento*, et cela parce que fatalement elles étaient *cœlibes*, elles pouvaient cependant recevoir des donations entre-vifs. Il était, en principe, permis à tout citoyen romain de faire, de son vivant, des libéralités à cette sorte de femmes; Ulpien nous le dit en propres termes (fragm. 5, *De donat.*, Dig.). Quelle que fût la forme sous laquelle se présentât l'acte de libéralité, il était valable. L'ignominie des *meretrices* ne les rendait pas incapables de recevoir des donations. « Affectionis gratia neque honestæ, neque inhonestæ, donationes sunt prohibitæ; honestæ, erga bene merentes amicos vel necessarios; inhonestæ, circa meretrices. » Mais l'engagement pris envers elles pour obtenir leurs faveurs pouvait ne pas être tenu, car il avait une cause honteuse. La loi ne consacre pas les obligations résultant de pareils marchés. Connan exprime cette pensée, en remarquant néanmoins, ce qui est vrai, que le payement réalisé ne pourrait donner lieu à la *condictio ob turpem causam ;* et Ulpien explique dans ce cas le refus de la répétition par cette raison, digne de la casuistique moderne : que la honte de la courtisane consiste, non pas à toucher le prix de ses faveurs, puisqu'elle est *meretrix*, mais à avoir adopté ce métier dégradant : « Illam enim turpiter facere, quod sit meretrix, non turpiter accipere, cum sit meretrix. » (Fragm. 4, § 3, *De cond. ob turp.*, Dig.)

Il y avait un ordre de *meretrices* qui ne pouvaient recevoir de libéralités de l'homme qui avait ses habitudes avec elles. C'étaient les *focariæ*, espèce de femmes dont les soldats faisaient leurs maîtresses, et dont on retrouve actuellement l'exacte reproduction dans les *rabonas* des *guerreros* péruviens. La *focaria* suivait son amant à l'armée, lui préparait ses repas, le soignait, lui rendait toutes sortes de services. Les militaires sans doute récompensaient souvent ces soins. Mais il arriva qu'un d'entre eux, nommé Marcus, après avoir trop généreusement à son gré reconnu les attentions de sa *focaria*, voulut revenir sur ses libéralités. Il s'adressa à Antonin, et celui-ci, par un rescrit, déclara nulles les donations faites aux *focariæ*. « Je ne veux pas, dit-il, que mes soldats soient ruinés et trahis par leurs *focariæ*. *Licet cessante jure matrimonii donatio perfici potuerit, milites tamen meos a focariis suis hac ratione fictisque adulationibus spoliari nolo.* » (Loi 2, *De don. int. vir.*, Cod.)

Quelques auteurs ont prétendu qu'à partir de Justinien toutes les *meretrices* durent être incapables de recevoir des donations de qui que ce fût. Ils puisent leur conviction à cet égard dans la Novelle 14, qui défendrait, d'après eux, non-seulement le trafic des courtisanes, mais encore expulserait ces malheureuses de toutes les villes de l'empire (Hotman, *Disp.*, *De donat.*, ch. VII). Il y a là erreur. La Novelle 14 ne frappe que les *lenones*, elle n'a de rigueurs que pour eux ; ses expressions au contraire respirent la pitié et la commisération dès qu'il s'agit des malheureuses qu'ils exploitent. L'empereur prie ces femmes, les adjure de vivre honnêtement, mais il n'ajoute rien à leur misère, il ne leur enlève point le droit de recevoir des donations.

Les enfants nés des femmes dont je parle étaient des *volgivaga Venere nati*, ou, plus juridiquement, comme tous les enfants dont le père n'est pas certain, des *vulgo quæsiti*, des *vulgo concepti*, des *spurii*, termes qui correspondent à notre mot français *bâtard*. Les expressions *vulgo concepti*, *vulgo quæsiti* et *volgivaga Venere nati* sont assez claires et se comprennent aisément. Il n'en est pas de même de l'expression *spurii* ; les jurisconsultes en proposent des explications différentes : les uns tirent ce mot du grec σποράδην, qui signifie çà et là, *spurius* ne serait que la traduction grecque de l'expression *vulgo conceptus*. D'autres l'entendent comme synonyme de *sine patre*. Les Romains, disent-ils, quand ils voulaient indiquer qu'un enfant était *vulgo conceptus*, se contentaient d'ajouter soit avant, soit après son nom, les lettres S. P., ce qui voulait dire *sine patre*. Mais, comme ils avaient aussi l'habitude de n'écrire souvent que les premières lettres du prénom d'une personne, ils désignaient par les mêmes lettres S. P., mises à côté du nom, les personnes dont le prénom était Spurius. La confusion était facile, aussi finirent-ils bientôt par appliquer à tout *vulgo quæsitus* le nom de *spurius*, dont ils firent un qualificatif.

Quelle que soit la valeur de ces deux explications, et la véritable étymologie du mot, les *spurii* étaient les enfants nés d'unions illicites. Pas plus qu'aux enfants nés du concubinat, on ne leur contestait la faculté d'aspirer aux honneurs et aux dignités ; pas plus qu'à ces derniers on ne leur contestait la qualité de fils de leur mère, et en conséquence ils pouvaient réclamer d'elle des aliments. Plus tard, lorsque le préteur eut inventé la *bonorum possessio unde cognati*, ils eurent des droits à la succession de leur mère et à celle des parents de celle-ci ; ce qui implique qu'ils avaient aussi des droits à la succession les uns des autres. Enfin, après le sénatus-consulte Orphitien, ils furent appelés à l'herédité légitime de leur mère, qui, de son côté, fut appelée à la leur par le sénatus-consulte Tertullien, quand toutefois elle avait eu un certain nombre d'enfants. J'ai déjà expliqué à propos du concubinat comment ces successions étaient dévolues; je n'y reviendrai pas.

En un mot, dans leurs rapports avec leur mère et sa famille, les *vulgo concepti* n'étaient pas autrement traités que les enfants nés de justes noces. Mais, comme la loi ne leur reconnaissait pas de père, ni par suite de parents paternels, ils n'avaient aucun droit contre leur père présumé, ni contre la famille de celui-ci. En revanche, ils étaient indépendants de la *patria potestas*. Chefs de famille en naissant, tant qu'ils étaient impubères il leur fallait un tuteur. Leur tuteur était nommé par le magistrat, qui se contentait quelquefois de confirmer la désignation faite par la mère.

Ces enfants n'ayant point de père aux yeux de la loi ne pouvaient être légitimés. Néanmoins, les empereurs Théodose et Valentinien décidèrent en 442 qu'un homme, en offrant à la curie des *vulgo concepti*, obtiendrait sur eux la *patria potestas*. Il fallait évidemment qu'il les eût reconnus au préalable, comme nous dirions aujourd'hui.

Malheureusement Justinien, ce législateur si indulgent pour les enfants *ex concubinatu nati*, se montra extrêmement sévère pour les *spurii*. En les maltraitant, il espérait sans doute détourner des unions passagères et porter les citoyens au moins vers le concubinat. Il ordonna que les *spurii* nés d'une grande dame ne pourraient rien recevoir d'elle, s'ils se trouvaient en présence d'enfants légitimes (loi 5, *Ad S.-C. Orph.*). Il condamna toutes les relations qui ne seraient pas un concubinat ou un *matrimonium justum*, enleva aux enfants *ex damnato coïtu nati* les droits accordés aux enfants naturels par le sénatus-consulte Orphitien, et ne leur accorda même plus le droit de recevoir, ne fût-ce qu'à titre alimentaire, la moindre chose de leurs parents (Nov. 74 et 89).

Toutes les unions pouvant donner naissance à des *spurii* ne furent pas poursuivies et punies par les lois, mais tous les *spurii* furent traités comme s'ils étaient nés d'unions criminelles et réprimées.

Les unions criminelles et réprimées étaient le *stuprum*, l'adultère et l'inceste.

Le mot *stuprum*, pris dans un sens très-général, signifie toute espèce de rapports sexuels en dehors du mariage, du concubinat et du *contubernium*. Puis dans un sens plus restreint il sert à désigner le fait d'avoir séduit ou violenté une fille ou une veuve honnête. Le mot *stuprum* désigne donc alors le viol, l'enlèvement et la séduction.

La loi Julia *De adulteriis* avait pour le séducteur des peines différentes, selon qu'il était d'une condition élevée ou d'une basse extraction. Dans le premier cas, elle confisquait la moitié de sa fortune; dans le second, elle le soumettait à une peine corporelle et à la relégation.

Du temps qu'ils enlevaient les Sabines, les Romains n'avaient pas le rapt en abomination, mais, soit dit à leur louange, leurs idées se modifièrent bientôt : c'est ce qui paraît à la rigueur des peines qu'ils prononcèrent contre les ravisseurs. Ainsi Marcien nous apprend que le ravisseur était, aux termes de la loi Julia *De vi publica*, puni du dernier supplice (fragm. 5, *Ad leg. Jul.*, *De vi. publ.*, Dig.).

Dans le Code de Théodose, on trouve sur le rapt et le viol une suite de constitutions émanées des empereurs Constantin, Constance, Jovien et Majorien. Elles forment un système de répression reproduit par Justinien (loi 1, *De rapt. virg.*, Cod.), et suivant lequel devaient être punis de mort le ravisseur et ses complices, leurs biens attribués à la victime du rapt si elle était ingénue, au fisc si elle ne l'était pas. Les parents de la femme avaient le droit de tuer le ravisseur et ses complices surpris en flagrant délit. Aucune prescription ne pouvait couvrir le coupable ; il ne pouvait épouser celle qu'il avait déshonorée, quand même elle ou ses parents consentiraient au mariage. Si les parents gardaient le silence, *si patientiam præbuerint*, si, comme on dit, ils étouffaient l'affaire, ils étaient condamnés à la déportation.

Des juristes s'étaient permis de penser que lorsque la femme avait consenti à épouser son ravisseur, elle aurait encore le droit de recueillir la fortune de celui-ci. Grande colère de Justinien. « Ceux qui ont ainsi entendu sa loi, ne l'ont certainement pas comprise. Il faut que la femme coupable d'une aussi indigne faiblesse perde, au contraire, ses droits aux biens du ravisseur. » Et pour que toute méprise soit à l'avenir impossible, l'empereur, dans la Novelle 143, s'explique catégoriquement sur la validité d'un tel mariage, et dans la Novelle 150, précise, de manière à ce qu'on ne s'y trompe plus, la condition de *spurii*, qu'auront les enfants nés de cette union, « cum nefariæ sint ejusmodi nuptiæ, si denuo raptori suo raptum passa puella copuletur. » (Nov. 150). Il avait déjà dit précédemment : « Tale stare matrimonium, etsi rapta voluerit, prohibuimus. »

Léon VI ne maintint la peine de mort contre le ravisseur, que pour le cas où le rapt avait eu lieu à main armée. Les complices du crime commis dans de pareilles circonstances, on les tond, on les bat, et on leur coupe le nez. Quand le rapt n'a pas eu lieu à main armée, le principal auteur a le poignet coupé, ses acolytes sont battus de verges, déportés et toujours tondus. Il ne fut rien changé aux peines pécuniaires (Léon, Nov. 35).

La femme victime du viol ou de la séduction n'était pas notée d'infamie, et c'était justice. Elle put toujours être épousée sans honte. Mais les enfants nés du viol ou de la séduction n'étaient cependant que des *spurii*.

Entraînaient infamie, les relations, dont je vais dire quelques mots.

Déjà j'ai signalé les conséquences des rapports qu'une femme libre avait avec son propre esclave. Dès l'origine ces rapports avaient été blâmés, mais ils ne furent punis que sous Constantin (loi 1, *De mul. quæ se prop.*, Cod.). Ce prince condamna à une peine capitale la femme qui oserait s'abaisser à un pareil accouplement et voulut que l'esclave fût brûlé. Néanmoins, les enfants issus de ce genre de *stuprum* étaient libres, mais la liberté était tout leur avoir; ils ne pouvaient rien recevoir de leur mère.

Quant à l'union d'une femme libre avec l'esclave d'autrui, elle fut bien plus promptement réprimée que la précédente, quoiqu'elle ne fût pas plus immorale ; mais il s'agissait de sauvegarder les intérêts d'un maître auquel les dissipations de son esclave pouvaient nuire, et les Romains n'y avaient pas manqué.

D'après le sénatus-consulte Claudien, porté en l'an 52 après Jésus-Christ, la femme qui, malgré la défense trois fois réitérée du maître, persistait dans ses relations avec l'esclave, était attribuée en toute propriété par le préteur au maître de son amant. Les enfants qu'elle avait mis au monde à partir de la première notification, devenaient alors esclaves comme elle. C'était bien là un règlement de dommages-intérêts, puisque la femme pouvait prendre des arrangements avec le maître et obtenir de rester libre, moyennant que les enfants dont elle accoucherait se trouveraient sous la *dominica potestas* du maître de leur père. Cette amiable composition bouleverse véritablement tous les principes du droit. Il est inexplicable qu'une femme, à laquelle la loi ne reconnaît aucune puissance sur des enfants, puisse trafiquer de ceux-ci, et en faire des esclaves. J'avais songé à dire, pour expliquer ce qu'il y a d'excessif dans le droit accordé à la femme, que si l'on avait fait de la réduction de cette femme en esclavage une condition essentielle, *sine qua non*, de l'asservissement des enfants, le maître n'aurait pas manqué d'accomplir les trois notifications, puis de réclamer du préteur l'*addictio* de la récalcitrante. Une fois celle-ci réduite en esclavage, ses enfants, nés à partir de la première notification, seraient esclaves comme elle; le maître alors pourrait assurément affranchir leur mère ; elle serait libre, eux resteraient esclaves. Qu'y gagneraient-ils? Rien. Autant vaut donc que la femme ait pu faire la convention qui la maintenait en liberté, et qui néanmoins abandonnait les enfants à l'esclavage. A l'appui de ce concept, j'aurais remarqué que la femme restée libre en vertu de la convention intervenue était positivement déclarée *libertina* par les textes. Mais j'ai renoncé à cette idée, car si la femme était devenue réellement esclave, et qu'ensuite on l'eût affranchie, les enfants qu'elle aurait eus à partir de la première notification eussent bien été esclaves *ex senatus-consulto Claudiano*, mais ceux qu'elle aurait eus après l'affranchissement eussent, suivant les principes, été libres; or, ce n'est pas ce qui arrivait, lorsque le singulier marché permis par le sénatus-consulte avait eu lieu. Il y avait donc quelque chose d'anormal dans ce qui se passait, il y avait une *inelegantia juris*, que constate Gaïus, et qu'Hadrien fit disparaître. Il déclara que tout enfant né d'une femme libre serait libre : « Cum ipsa mulier libera permaneat, liberum pariat. » (Gaïus, comm. 1, §84.)

Si l'esclave avec lequel la femme avait des relations appartenait à plusieurs maîtres, cette femme devenait la propriété de celui des maîtres qui lui avait fait les notifications prescrites par le sénatus-consulte Claudien (Paul, *Sent.*, liv. II, tit. xxi^a, § 15). Les autres n'avaient rien dit, ils approuvaient donc l'union, contre laquelle leur copropriétaire avait seul protesté.

Du reste, toutes les femmes n'encouraient pas l'application de ce sénatus-consulte, et lorsqu'il ne leur était pas applicable, les enfants qu'elles pouvaient avoir de l'esclave étaient nécessairement libres. Je citerai comme échappant au sénatus-consulte la femme qui ne se savait pas libre, et la fille de famille qui, sans le consentement de son père, avait des rapports avec l'esclave d'autrui (une fille ne pouvait de son autorité privée se soustraire à la *patria potestas*). Par des raisons de convenance révérentielle, on ne l'appliquait pas non plus à la mère qui entretenait des relations avec l'esclave de son fils, ni à la patronne qui en avait avec l'esclave de son affranchie. Enfin, quand une affranchie s'unissait à l'esclave de son patron, elle ne retombait pas en esclavage; on disait que, dans ce cas, elle n'avait point voulu *deserere domum patroni* (Paul, *Sent.*, liv. II, tit. xxi^a, § 11). Une femme mariée qui, en s'abandonnant à l'esclave d'autrui, se fût trouvée dans le cas de tomber sous l'application du sénatus-consulte Claudien, était, avant tout, adultère, et, comme telle, elle eût encouru les peines portées par les lois contre les femmes qui violent la foi conjugale. Quant à celle qui aurait, après la dissolution de son mariage, des rapports avec l'esclave d'autrui, elle se verrait fort bien appliquer le sénatus-consulte, mais l'enfant dont elle accoucherait, même en esclavage, serait libre s'il avait été conçu antérieurement à la dissolution des *justæ nuptiæ*. Telle était du moins l'opinion d'un grand nombre de jurisconsultes romains, et je ne comprends pas que cette opinion n'ait pas été universellement admise. Je l'appliquerai à l'enfant issu du concubinat aussi bien qu'à l'enfant *ex justis nuptiis conceptus*, car ce n'est jamais que la condition des *vulgo concepti* que l'on détermine par celle de leur mère, et en se plaçant au moment de leur naissance (Gaïus, comm. 1, § 91).

Justinien abolit le sénatus-consulte Claudien, il se contenta d'engager le maître, dans son propre intérêt, à infliger à l'esclave une *castigatio competens*, une correction appropriée. La femme et ses enfants restèrent libres. Aucune répression n'atteignit désormais celle que Justinien considère comme *infelici cupidine capta* (loi 1, *ad S.-C. Claud.*, Cod.); d'où il résulte que si la constitution de Constantin *De mulieribus quæ se propriis servis junxerunt* n'a pas été abolie, la femme qui commet un *stuprum* en s'unissant à son propre esclave sera cruellement punie, tandis que celle qui s'unit à l'esclave d'autrui ne le sera pas du tout. Il y a toujours un peu de fantaisie dans la morale des empereurs.

On désignait encore sous le nom de *stuprum* ces rapprochements que les princes du Bas-Empire ont qualifiés de sacriléges, et qui s'établissaient entre un homme et une femme consacrée à la divinité ou au service des autels.

Il paraîtrait que, dès avant la fondation de Rome, on ne ménageait pas la prêtresse qui s'était laissé séduire. Le roi d'Albe, au rapport de Tite-Live (*Histoire romaine*, liv. I, ch. IV), fit incarcérer la prêtresse Rhéa Sylvia, qui était devenue mère de Romulus et de Rémus. Il ordonna, en outre, que les deux enfants fussent jetés dans le Tibre. Le même auteur nous montre la vestale Oppia mise à mort quelques siècles plus tard, sous le consulat de Sp. Cassius et de Pr. Virginius, pour avoir violé le vœu de chasteté fait par toute vestale. (Tite-Live, *Hist. rom.*, liv. II, ch. XLII); et, sous le consulat de C. Sulpicius Longus et de P. Elius Petus, la vestale Minucia, soupçonnée d'abord à cause de sa parure trop recherchée, accusée ensuite auprès des pontifes sur la déposition d'une esclave, suspendue de ses fonctions, privée provisoirement du droit d'affranchir ses esclaves, puis jugée et enterrée vive près de la porte Colline, à droite du chemin pavé, dans le champ du Crime, appelé probablement ainsi à cause du crime de cette vestale. « Credo, dit-il, ab incesto id ei loco nomen factum. » (Tite-Live, *Hist. rom.*, liv. VIII, ch. xv.)

On le voit, la coupable était rudement punie. La peine prononcée contre le séducteur, du temps de la république, nous est encore révélée par Tite-Live. Il était fouetté jusqu'à ce que mort s'ensuivît (Tite-Live, *Hist. rom.*, liv. XXII, ch. LVII).

Probablement, pendant les dernières années de la République et les premières de l'empire, on s'était relâché de cette rigueur contre les coupables et les résultats de l'indulgence n'avaient pas été satisfaisants, car Suétone nous apprend que Domitien fut obligé de réprimer sévèrement les désordres des vestales (Suét., *Les douze Césars*, *Domitien*, ch. VIII). D'abord, il punit du dernier supplice celles qui s'étaient laissé séduire, et de la relégation ceux qui les avaient séduites. Plus tard, il ordonna que la coupable serait enterrée vive, comme cela avait lieu autrefois, et que son corrupteur périrait sous le fouet.

Justinien punit de mort quiconque enlèverait une femme engagée dans les ordres religieux ou monastiques, ou concourrait à son enlèvement (loi 1, *De rapt. virg.*, Cod.). Dans la Novelle 123, ch. XLIII, il infligea cette peine de mort non-seulement aux auteurs ou complices du rapt, mais encore à ceux qui séduiraient ou tenteraient de séduire une religieuse et à leurs complices. Il permit aux parents de la femme, à son tuteur et à son curateur, qui les surprendraient en flagrant délit, de les tuer impunément (loi 54, *De episc. et cler.*, Cod.). Par complément, les biens du coupable et de ceux qui lui avaient prêté aide et assistance, devenaient la propriété de l'église ou du couvent dont faisait partie la religieuse. Quand celle-ci avait consenti ou à son enlèvement ou au *stuprum*, sa fortune personnelle passait également à son couvent ; toutefois si elle était diaconesse et avait des enfants légitimes, ceux-ci prenaient leur réserve. La religieuse infidèle à ses vœux était prudemment renfermée dans un autre monastère, mieux clos sans doute, et où elle pouvait être mieux gardée, *in quo cautius custodiri possit*.

Dut-on plus tard, après que Léon le Philosophe eut porté sa constitution *De raptoribus virginis*, distinguer si le rapt de l' religieuse avait eu lieu à main armée ou non, et, suivant les circonstances du crime, punir de mort le ravisseur, ou seulement lui couper le poignet, tandis que ses complices tantôt ne subiraient plus que la section du nez, tantôt que la relégation ? Je ne le pense pas. Léon VI respectait trop la religion et tout ce qui s'y rattache pour adoucir la législation répressive des sacriléges.

Sous le paganisme, les enfants qui pouvaient naître d'une vestale, et, sous le christianisme, les enfants qui pouvaient naître d'une religieuse étaient indubitablement des *vulgo quæsiti*, ni mieux, ni moins bien traités que les autres enfants dont le père est incertain.

On a peu de renseignements sur ce qui concerne les enfants nés des vestales. Mais, en fait, il arrivait assez rarement que les vestales parvinssent au terme de leur gestation. Pour éviter que leurs déportements fussent connus, elles recouraient à l'avortement. A cela elles risquaient peu ; car, même en supposant qu'à Rome l'avortement fût puni, elles ne s'exposaient jamais qu'à encourir la peine infligée aux vestales impudiques ; et si, au contraire, leurs expédients abortifs réussissaient, elles avaient grande chance d'échapper à la peine qui les attendait. Elles devaient peu hésiter à employer ces moyens, pour cacher leur faute, car les vieilles mœurs romaines ne réprouvaient pas l'avortement. Les recherches que j'ai faites à ce sujet (Plaute, *Le Rustre*, act.I, sc. II, v. 196 ; Juvénal, *Satire* 6, v. 595, etc.), m'ont convaincu que, jusqu'au temps de Cicéron, il était resté impuni (Cic., *In oratione pro Cluentio Avito*) ; et qu'à partir de Cicéron jusqu'au temps d'Ulpien, il ne fut réprimé que lorsqu'une femme mariée se procurait un avortement pour priver son mari d'un *heres suus* (fragm. 30, *De pœnis ;* et fragm. 4, *De extra. crim.*, Dig.). Ce fut seulement au commencement du troisième siècle de l'ère chrétienne, qu'il fut puni dans tous les cas à raison de son immoralité (fragm. 8, *Ad leg. Corn. de sic.* ; Paul, *Sent.*, liv. V, tit. XXIII, § 14).

Quand la faute de la vestale était découverte, on n'attendait pas pour l'enterrer vive qu'elle fût accouchée, et avec elle périssait l'enfant qu'elle portait dans son sein.

Il ne faut pas beaucoup de réflexion pour comprendre, d'après ce qui précède, pourquoi les auteurs classiques et les jurisconsultes romains, dont les œuvres nous sont parvenues en lambeaux, ne renferment rien de particulier sur les enfants des vestales.

On appliquait quelquefois le nom d'inceste aux relations qui s'établissaient entre un homme et une vestale, ou une religieuse; mais ce mot était généralement réservé pour désigner les unions entre personnes parentes à un degré trop rapproché. La *maris ac feminæ conjunctio*, entre personnes parentes au degré prohibé, ne pouvait constituer ni un *matrimonium justum*, ni un concubinat. Les enfants qui naissaient de ces rapports étaient des *spurii*. C'est dire que, sous Justinien, ils ne pouvaient pas même exiger des secours alimentaires de leurs parents, puisque la Novelle 89 embrasse dans sa terrible réprobation tous les *vulgo concepti*, et que, pour n'avoir pas droit à des aliments, il n'est pas nécessaire que les bâtards soient nés de rapports incestueux ou adultères (Nov. 19, ch. xv).

De tous les crimes contre la pudeur, l'adultère des femmes fut un de ceux que les Romains traitèrent avec le plus de sévérité. De tout temps, ils punirent l'épouse infidèle et son complice. Quant au mari, ses manquements à la foi conjugale, d'abord impunis, n'entraînèrent ensuite pour lui qu'une peine pécuniaire; puis enfin on les réprima en l'enfermant dans un cloître, et en le privant de ses biens (Aulu-Gelle, *Nuits att.*, liv. IV, ch. III).

Chez les vieux Romains les déréglements du mari n'étaient frappés que d'une réprobation morale, mais cette réprobation existait; la preuve s'en trouve dans le mépris qu'on avait pour les *pellices*, attestée par cette fameuse loi de Numa : PELLEX. ASAM . IUNONIS . NE . TAGITO.SI . TAGET . IUNONI . CRINIBOUS . DEMISSIS . ARNUM . FEMINAM . CAIDITO.

Les anciens jurisconsultes ont beaucoup discuté, pour savoir si le mot *pellex* désignait spécialement la maîtresse d'un homme marié, ou bien celle de tout homme marié ou non. Alciat pense que ce mot n'a rien de particulier, et qu'il est synonyme d'*amica* (Alc., t. II, *De verb. et rer. sign.*; fragm. 144, *Ad leg. Jul. et Pap.*, Dig.). Connan est d'un avis contraire; il dit que la *pellex* est la maîtresse de l'homme marié (liv. VIII, ch. XIII). Tiraqueau professe la même opinion que Connan. « Et sane, dit-il, paucas admodum feminas reperies, quantumlibet modestas, et viris indulgentes, quæ æquo animo pellicem ferant. » (And. Tiraqueau, *Comm. in decimam tertiam leg. connub.*, gloss. 1, § 13.)

Je crois que Tiraqueau et Connan sont dans le vrai ; et, en effet, je n'ai jamais rencontré le mot *pellex* qu'avec le sens de rivale de l'*uxor*. On peut à cet égard consulter Ovide, Apulée, Aulu-Gelle, et Festus surtout, d'après lequel : « Antiqui eam proprie pellicem nominabant, quæ uxorem habenti nubebat. » (Sext. Pomp. Festus, *De verb. sign.*, lib. XX.)

On donne plusieurs étymologies au mot *pellex*. Les uns le font venir du mot grec παλλαξ, qui signifie courtisane. D'autres le tirent du mot latin *pellicere*, flatter ; la *pellex* est la femme qui, par ses séductions et ses flatteries, détourne le mari de son *uxor*. D'autres enfin, de *pellere* chasser ; la *pellex* est la femme qui chasse l'épouse légitime du lit conjugal, *a toro mariti*.

Quoique nés d'un adultère, les enfants de la *pellex* ne furent jamais que de simples *vulgo quæsiti*, et l'espèce d'amende honorable, infligée dans certains cas à leur mère par le pieux Numa, n'était pas de nature à leur nuire.

Autre était la condition des malheureux nés de la femme adultère, bien que leur origine ne fût pas plus honteuse, et qu'en somme ils ne fussent que des *vulgo quæsiti*. En effet, ou leur mère était mise à mort par son père ou son mari, ou bien elle était déportée dans une île lointaine, et la presque totalité de ses biens confisquée : la misère et l'abandon, voilà leur lot !

On serait tenté de croire que Justinien, qui adoucit les peines portées contre l'adultère, améliora la position des enfants adultérins. Il n'en fit rien, et en cela il ne manqua pas de logique, puisqu'il déclarait abominables et anathèmes tous les enfants nés en dehors des unions par lui reconnues, et qu'il enlevait, ainsi que nous l'avons dit déjà, à tous les *spurii* toute espèce de droits aux soins et aux biens de leurs parents.

Léon VI le Philosophe, en supprimant le concubinat, une des unions que Justinien avait admises comme licites, augmenta encore le nombre des malheureux enfants, sur lesquels on faisait peser impitoyablement le poids d'une faute qu'ils n'avaient pas commise. A la vérité, l'Eglise, moins rigoriste que cet empereur, toléra longtemps encore après lui, en politique circonspecte et patiente, la pratique du concubinat ; elle n'admit provisoirement qu'*in petto* l'opinion radicale des Ambroise, des Jérôme, des Augustin et de tous les ascètes, qui interdisaient aux chrétiens d'avoir des concubines. Elle ne réprouva sans ménagement, par le synode de Nicée, que les agapètes, ces compagnes équivoques des ecclésiastiques ; elle ne prit de dispositions contre les laïcs concubinaires que dans le concile de Trente. Combien de pages je pourrais donc, monsieur, vous adresser encore sur le concubinat, si je ne m'étais promis de ne le considérer que selon le droit romain! La constitution de Léon assigne à mon bavardage une limite rationnelle : je me tais.

Il est bien entendu que ma lettre n'a rien de confidentiel, et que vous pouvez la communiquer aux lecteurs de votre *Revue*, s'il vous paraît qu'elle puisse les intéresser. Elle n'est certes pas aussi amusante que *Peau d'âne*, mais je ne la crois pas cependant tout à fait maussade. Son début est même alléchant : elle commence comme un conte de fées! Mais, j'y songe, monsieur! elle peut finir de même. De quoi, en effet, avons-nous constamment parlé? De gens dont la plupart se marièrent, dont quelques-uns peut-être furent heureux, et dont plusieurs eurent beaucoup d'enfants.

Veuillez agréer, monsieur, l'hommage de profond respect de votre très-humble et très-obéissant serviteur,

D. PILETTE,
Docteur en droit.

Paris. — Typographie HENNUYER ET FILS, rue du Boulevard, 7.

Printed in Dunstable, United Kingdom

91220026R00067